毎日の
授業研究
レッスンスタディ
保育研究

編著 大泉義一
Yoshiichi Oizumi

幼児造形・
図工・美術編

建帛社
KENPAKUSHA

はじめに

　「授業研究」「保育研究」。読者のみなさんは，この言葉からどんなことをイメージするでしょうか？

　「難しそう，面倒，大変」？　それとも「大事なこと，おもしろそう」？　恐らくそのイメージは，読者のみなさん一人ひとりが実践している日々の授業・保育によって異なるものなのではないでしょうか？

　本書は，みなさんが子どもと一緒にいる教育現場での取り組みとして，『毎日の授業研究・保育研究』の意味と実践について考えていきます。本書では，幼児造形，図画工作・美術科の先生方にご執筆いただいていますが，他教科にも通底する内容となっています。

　前半の「理論編」では，そもそも授業研究・保育研究に取り組むことの意味や，本書のテーマである『毎日の授業研究・保育研究』の考え方について解説します。

　続く後半の「実践編」では，理論編で解説した『毎日の授業研究・保育研究』を，日々の授業・保育で，どのように実践すればよいのかを具体的な事例から紹介します。紹介されている事例は，日々子どもと向き合い授業・保育を実践している保育者・教師らが実際に取り組んできたものです。さらに，その実践の過程で改善しブラッシュアップする創意工夫に満ちています。そうしたノウハウを惜しみなく開陳しているのです。

　ぜひ本書を，日々の授業・保育の現場の傍らにそっと置いてください。そして，読書のみなさんが子どもたちと一緒に過ごす日々（そう，今日もです）の中で，解決したいと思ったり，興味を持ったりすることが書かれているページから読んでいただければと思います。それが，本書タイトルの『毎日』に込めた思いです。

　また，本書に記されていることは，授業研究・保育研究のほんの一端に過ぎません。本書を読み，授業研究・保育研究に取り組むことをきっかけにして，ぜひ読書のみなさんが，自分なりの「日々の授業研究・保育研究（レッスン・スタディ）」をつくりだしていただくことを願っています。

　そうした営みは，必ずや子どもたちの日々の成長に寄与することでしょう。

　なお，本文中では，見出しも含め「授業研究」のみを表記し，「保育研究」は

省いています。本書の「授業研究」の表記には,「保育研究」も含んでいること
をご承知下さい。

　本書が,日々の授業・保育を「よりよく」しようと考えている先生方,さらに
は「よい授業・保育」をしたいと思い学んでいる教師・保育者を目指す学生のみ
なさんの力になれることを願っています。

　2023 年 10 月

大泉　義一

もくじ

第1部　理論編：なぜ『毎日の授業研究・保育研究』なの？
レッスンスタディ

1. 求められている授業研究 ･････････････････････････････････ *2*

Ⅰ 「主体的・対話的で深い学び」と授業研究 ･････････････････ *2*

  1　授業で求められていること　*2*

  2　「主体的・対話的で深い学び」とは？　*2*

  3　「主体的・対話的で深い学び」を実現する授業研究とは　*5*

Ⅱ 「関わり」と授業研究 ････････････････････････････････････ *6*

  1　多忙さと授業研究　*6*

  2　「関わり」の授業研究　*6*

Ⅲ 「日本型授業研究」への期待 ･･････････････････････････････ *10*

  1　誇り高き日本の授業研究　*10*

  2　日本型授業研究の特徴　*10*

  3　世界とつながる授業研究　*11*

2.『毎日の授業研究』の提案 ･････････････････････････････ *12*

Ⅰ 研究授業が授業研究なの？ ･･･････････････････････････････ *12*

  1　授業研究は『＋α』の仕事？　*12*

  2　研究授業＝授業研究？　*12*

  3　授業研究と授業改善　*13*

  4　『毎日の授業研究』へ　*13*

Ⅱ 授業研究の意味とは？ ･･････････････････････････････････ *14*

  1　何のため・誰のために授業研究を行うのか？　*14*

2　『毎日の授業研究』で得られること：「子どもの再発見」　*14*

3　『毎日の授業研究』で得られること：教師・保育者の成長　*17*

Ⅲ　「毎日の授業研究」とは？ ･････････････････････････････*18*

1　『毎日の授業研究』5W1H　*18*

2　『毎日の授業研究』とデザイン思考　*20*

3　『毎日の授業研究』あれこれ，第2部へと続く…　*21*

授業研究座談会 ･･･*22*

クロストーク『**毎日の授業研究**』 授業研究ホントのところ ･･････････*22*

● 授業研究って聞くと？　*22*

● 授業研究あるある　*24*

● 授業研究の工夫あれこれ　*26*

● 授業研究をするとこんなイイことが！　*30*

第2部 実践編：『毎日の授業研究・保育研究』あれこれ

（レッスンスタディ）

1. 授業記録から・・・32

A：座席表・カルテ　子どもの姿と授業研究をつなげるために ・・・・・・・・・・・32

1　「記憶」から「記録」へ，そして「授業研究」へ　32

2　座　席　表　33

3　授業記録を「カルテ」として活用するために　34

4　授業記録から授業・保育や子どもへの「問い」を持つ　35

B：ドキュメンテーション　子どもの学びの姿が見えてくる ・・・・・・・・・・・・・・36

1　ドキュメンテーションをつくってみよう　37

2　ドキュメンテーションから子どもを理解する　38

3　子ども理解から授業改善へ　38

C：社会に開かれた「教科だより」

　　子どもの学びの記録を通して授業研究を深める ・・・・・・・・・・・・・・・・・・・・・・40

1　「教科だより」をつくりながら授業を振り返り，改善していく　41

D：できないをできるに！　ICT で授業改善

　　「なんかうまくいかないな」は，はじまりのサイン ・・・・・・・・・・・・・・・・・・・44

1　課題を適宜振り分けてみよう　45

2　デジタルはトラブるから嫌？　46

3　不満をチャンスに　46

E：抽出児　「この子」からどんどん見えてくる！ ・・・・・・・・・・・・・・・・・・・・・・48

1　どの子を観察する？　記録の取り方ってどうすればいいの？　49

2　子どものつぶやきから　50

　　3　授業改善に生かそう　*51*

F：発話（教師・保育者・子ども）　無意識を「顕在化」すると見えてくる　*52*

　　1　「無意識」を「教育言語」の視点で顕在化する　*53*

G：活動プロセス　「点」をつないで捉えよう・・・・・・・・・・・・・・・・・・・・・・・・・・・・・・*56*

　　1　点をつないで捉えるために　*57*

　　2　点をつないで捉えよう！　*58*

　　3　活動プロセスを授業改善や授業研究に生かそう　*59*

2．表現物・製作物・作品から・・・・・・・・・・・・・・・・・・・・・・・・・・・・・・・・・・・・・*60*

A：完成作品　一人で見る／みんなで見る／一つを見る／全体を見る！　・・・・・*60*

　　1　一人で見る／みんなで見る　*61*

　　2　一つを見る／全体を見る　*62*

　　3　子どもが資質・能力を発揮できる授業・保育とは　*63*

B：表現の変化　子どもの表現／子どもを観察する／子どもと対話する／表現を記録

　　して生かす・・*64*

　　1　子どもをよく観察する　*65*

　　2　子どもと対話する　*66*

　　3　表現を記録して生かす　*67*

C：ディテール　目を近づけると見えてくるその子の息づかい・・・・・・・・・・・・*68*

　　1　ディテール（細部へのこだわり）の例　*69*

　　2　こだわりから見えてくる，その子らしさを生かして　*71*

D：記　　述　子どもの言葉と照らし合わせて納得！ 見とるのは文章力ではなく子

　　どもの想像の道すじ・・*72*

　　1　作品からだけでは見えてこない

　　　　　子どもの創造への想いを見とるため　*72*

 2 記述から見とる方法あれこれ *73*

 3 中学校授業改善の一例:「授業記録カード」の内容項目改善 *75*

3. 教材から ···*76*

A:教科書との比較　ズレ=授業で発見したこと ·····················*76*

 1 題材の導入の段階で *77*

 2 題材の途中の段階で *78*

 3 「やったこと」から「学んだ」ことが残る授業のために *79*

B:アレンジ　こうしたい=子ども理解 ····························*80*

 1 目の前の子どもに即したアレンジを! *81*

 2 アレンジの方法と考え方 *82*

 3 アレンジから見えてくるもの *83*

C:教材開発　「守破離」の精神で! ·····························*84*

 1 日々の暮らしの中に教材開発の芽を見出そう *85*

 2 あらゆることを想定し,必要なもの・ことにアンテナを広げる *85*

 3 授業・保育中に探る省察のポイント *86*

 4 授業・保育後に深める省察のポイント *87*

4. アンケートから ···*88*

A:子どもに対するアンケート　子どもの思いを授業改善につなげよう! ··*88*

 1 子どもたちにアンケートを取ろう! *89*

 2 アンケートを取る上で気を付けること *91*

B:保護者に対するアンケート　社会に開かれた教育課程の第一歩 ·······*92*

 1 授業・保育に関する事前の情報共有を図る *93*

 2 保護者アンケートをもとに授業・保育のプロセスを振り返る *94*

　3　作品の成果物への意見や励ましを

　　　授業・保育のプロセスに取り込む　*95*

5. 対話から ･･*96*
A：子どもとの対話　対話を通して子どもの「表したい」を引き出す ･･････*96*
　1　子どもの考えを引き出すとは？　*97*

　2　「表したい！」を引き出す近道　*98*

　3　「深い学び」を引き出そう！　*99*

B：同僚との対話　「How?」でなく「Why?」を語り合おう！ ･･････････*100*
　1　日常的に気軽に語り合おう　*101*

　2　「How?」ではなく「Why?」を語り合おう　*103*

C：保護者との対話　作品を見ながらおしゃべりしよう ･･････････････*104*
　1　おしゃべりを通して見えてくる子どもの姿　*104*

　2　子どもの意欲を引き出す言葉がけやおしゃべり　*105*

D：地域は教育資源の宝庫　地域の魅力が育む子どもの創造力 ･･････････*108*
　1　自分の足で調べる　*109*

　2　文献・資料で調べる　*110*

　3　地元の先生や卒業生に話を聞く　*111*

E：文　　献　「なるほど！」に出会うための文献調査 ･･･････････････*112*
　1　「授業研究」のための文献とは？　*112*

　2　「授業研究」のための文献例　*114*

　3　「授業研究」でなるほど！ を目指す　*115*

おわりに ･･*116*
巻末付録　参考図書・リンク集 ･･････････････････････････････*117*

なぜ『毎日の授業研究・保育研究』なの？

なぜ『毎日の授業研究・保育研究（レッスンスタディ）』なの？

学校の先生なら誰しも知っている「授業研究」「保育研究」。それは文字通り「授業」「保育」を「研究」すること。でも「研究」だなんて，なにか遠い存在のような…？

この「理論編」を通して，授業研究・保育研究に対するそんな印象や捉え方を"チェンジ"しましょう。

教育現場で取り組む授業研究・保育研究は，現在さかんにいわれている「主体的・対話的で深い学び」を実現するものです。そのために本書では，先生方に『毎日の授業研究・保育研究（レッスンスタディ）』を提案します。

その取り組みの主人公は，ほかならぬ「あなた」です。

理論編ではまず，授業研究・保育研究の意味について，「主体的・対話的で深い学び」や「関わり」，そして国際的な視野から考えます。そこから，『毎日の授業研究・保育研究（レッスンスタディ）』の考え方の全体像を捉えてみます。

さらには，幼稚園，小学校，中学校，高校の先生方が，授業研究・保育研究に関してホンネで語り合う座談会の様子をのぞいてみることで，『毎日の授業研究・保育研究（レッスンスタディ）』に取り組む仲間に加わってみましょう。

なお，本文では見出しを含め，便宜上「授業研究」のみを示しています。そこには「保育研究」も当然含まれています。また，「授業改善」「授業記録」も同様に示しています。ご承知下さい。

I 「主体的・対話的で深い学び」と授業研究

1 授業で求められていること

「主体的・対話的で深い学び」が求められていることは，みなさんご存じと思います。

「主体的・対話的で深い学び」は，中央教育審議会答申「幼稚園，小学校，中学校，高等学校及び特別支援学校の学習指導要領等の改善及び必要な方策等について」（平成 28 年 12 月，以下「中教審答申」と記します）で示された，「何を学ぶか？」（学習内容）だけでなく，「どのように学ぶか？」（学習方法）も含めた学びのあり方です。（初めは「アクティブラーニング（の視点）」と示され，その後「主体的・対話的で深い学び」として示されるようになりました。）

この学びを授業・保育で実現することが，現在求められているのです。

2 「主体的・対話的で深い学び」とは？

では，「主体的・対話的で深い学び」とは，どのような学びなのでしょうか？ ここでは，分かりやすく[主体的・対話的・深い]学びのそれぞれを，子どもが学ぶ姿になぞらえて見ていきましょう。

❶ 「主体的な学び」とは？

先ほどの中教審答申では，次のように示されています。

「主体的な学び」

学ぶことに興味や関心を持ち，自己のキャリア形成の方向性と関連付けながら，見通しを持って粘り強く取り組み，自己の学習活動を振り返って次につなげる。

「キャリア」という言葉は，何やら大人っぽい感じがしますが，これは幼小中高すべての学校種を通じて学び続

けることを促しているからです。

　この説明からは，次のような子ども
の学ぶ姿が浮かび上がってきます。

> ・興味・関心を持つ
> ・見通す
> ・粘り強く取り組む
> ・振り返る

　こうすると，「主体的」の意味が，
がぜん分かりやすくなります。すなわ
ち「主体的な学び」とは，子どもが
「興味・関心」を持っていることはも
ちろん，自分の活動に「見通し」を持
って取り組み，絶えず「振り返り」を
することでさらに次の「見通し」を持
っている学びの状態です。そしてその
「見通し」と「振り返り」の過程は
「粘り強さ」に支えられているのです。

❷ 「対話的な学び」とは？

　中教審答申では，次のように示され
ています。

「対話的な学び」

　子供同士の協働，教職員や地域の人
との対話，先哲の考え方を手掛かりに
考えること等を通じ，自己の考えを広
げ深める。

　先ほどと同様，子どもが学ぶ姿をイ
メージしてみましょう。

> ・子供同士の協働
> ・教職員や地域の人との対話
> ・先哲の考えを手掛かりに
> ・考えを広げ深める

　なるほど「対話」とは，子どもと子
どもの間だけでなく，周りにいる大人
たち，さらには学んでいる内容（に関
係する情報）との間でもなされるもの
なのです。そして，そうした「対話」
を通して，自分の考えを広げ深めるこ
とをいうのですね。

❸ 「深い学び」とは？

学びの概念を締めくくっているのだから，きっと重要です。

「深い学び」

習得・活用・探究という深い学びの過程の中で，各教科等の特質に応じた「見方・考え方」を働かせながら，知識を相互に関連付けてより深く理解したり，情報を精査して考えを形成したり，問題を見いだして解決策を考えたり，思いや考えを基に創造したりすることに向かう学び。

ここでは，次のような子どもの姿が見えてきます。

```
・見方・考え方を働かせる
・知識を関連付ける
・情報を精査する
・問題を発見し解決する
・創造する
```

「深い学び」のプロセスと，その学びが目指す最終的な地点が示されています。はじめに，そのプロセスで各教科の「見方・考え方」を働かせることが前提となっています。「見方・考え方」とは，その教科ならではの「視点」と「考え方」のことです。

ちなみに，小学校図画工作科・中学校美術科・高等学校美術科のそれは「造形的な見方・考え方」とされており，その内容は以下の通りです。

【小学校図画工作科】

感性や想像力を働かせ，対象や事象を，形や色などの造形的な視点で捉え，自分のイメージを持ちながら意味や価値をつくりだすこと

【中学校美術科】

感性や想像力を働かせ，対象や事象を造形的な視点で捉え，自分としての意味や価値をつくりだすこと

【高等学校美術科】

感性や美意識，想像力を働かせ，対象や事象を造形的な視点で捉え，自分としての意味や価値をつくりだすこと

学校種によって若干の言い回しは異

なりますが，骨子は同じです。すなわち，「感性や想像力を働かせ」，「対象を造形的な視点で捉え」，「意味や価値をつくりだす」ことが，「造形的な見方・考え方」なのです。このうち「造形的な視点」とは，子どもが着目する「形・色・質感」といった造形要素のことです。子どもは，それらと「想像力を働かせながら」関わることで，自分なりの「意味や価値をつくりだす」のです。

この「造形的な見方・考え方」を十分に働かせることで，「知識が自身の行為と関連付け」られ，「情報が自分の感覚を通して精査され」ながら，切実な「問題発見と解決」へと向かい，「意味や価値をつくりだす」こと（つまりは創造）が実現するのです。

③ 「主体的・対話的で深い学び」を実現する授業研究とは

では，そのような「主体的・対話的で深い学び」を実現するために，私たちはどうすればよいのか？

それは，中教審答申に次のように述べられています。

「主体的・対話的で深い学び」の実現とは，<u>特定の指導方法のことでも，学校教育における教員の意図性を否定することでもない。</u>（中略）子供たちに求められる資質・能力を育むために必要な学びの在り方を<u>絶え間なく考え，授業の工夫・改善を重ねていくこと</u>である。（下線筆者）

つまり「主体的・対話的で深い学び」とは，何か特定の「型」を要求するものではなく，その実現を目指して「絶え間なく」授業・保育の「工夫・

改善を重ねていくこと」が求められるものなのです。

どこかに「主体的・対話的で深い学び」のための“特効薬”があってそれを取り入れれば済むというものではないし，それを実現するための方法を模倣すれば成果を得られるようなものではないのです。

そうではなく，私たちが毎日の授業・保育において，よりよい授業・保育を目指して**恒常的に取り組む授業研究**を通じて実現されるものです。この「恒常的に取り組む」ということにおいて，本書のテーマである『**毎日の授業研究**』の重要性が浮かび上がってきたことになります。

Ⅱ 「関わり」と授業研究

1 多忙さと授業研究

　前節では，「主体的・対話的で深い学び」を実現するためには，毎日の授業・保育における恒常的な工夫・改善が必要であり，それが本書で目指す『毎日の授業研究』なのだということが分かってきました。でも「ただでさえ忙しいのに…」という声が聞こえてきそうです。日々多忙な中で授業・保育を行っているのに，それに加えて「恒常的に工夫・改善を行う」なんて

…そう考えるのももっともなことですね。

2 「関わり」の授業研究

　実は，忙しい中で『毎日の授業研究』に取り組む際の基本は「関わり」です。

　「え⁉ さっき忙しいっていったでしょ？ 関わりだなんて，ますます忙しくなってしまうんじゃないの？」と言われそうですが，「関わり」を持たずに一人で授業研究に取り組むことは，

次の点で逆効果です。

① 自分の授業・保育を自分で捉えることほど難しいものはない
② よりよい授業・保育の実現は，自分の見方だけでは成し得ない
③ 昨今言われている「チームとしての学校」という考え方を生かすことにならない

　ここで言う「関わり」の対象とは，「人」すなわち「他者」に限定しません。「対話的な学び」と同様に，「対話＝関わり」の対象には「人」だけでなく，授業研究で関わるあらゆる「もの・こと」を含んでいます。

　では，なぜ一人でなく「関わり」が『毎日の授業研究』に取り組む際の基本なのでしょうか？　上であげた3点の理由に沿って考えてみましょう。

❶ 自覚するための「関わり」

　授業研究は，いつでも目の前の子どもたちのために取り組まれるべきです。ですから，「自分の授業・保育は，子どもの目にどのように映っているのだろう？」といった，自身の授業・保育に対する問い（と不安）が，授業研究の第一歩になります。

　それでも，私たちは自分自身の行いに対してはどうしても主観的（都合のよい解釈）になりがちです。だから，自身の授業・保育を客観的に捉えるためには，様々な工夫が必要になります。

　最も重要なのは，「もう一人の客観的な自分をつくる」ことです。「さっきの時間は，子どもにとってどんな意味があったのかな？」「あの時の私の発言は，子どもにどんな風に受け取られたのかな？」「あの子は，どんな気持ちであの発言をしたのだろう？」というように，自身に問いかける，もう一人の自分を用意するのです。

　その具体的な方法として「**授業・保育記録**」を取ることが考えられます。授業・保育中の発話記録を見てみたら，ほとんど自分がしゃべってた！なんてことが分かったりするかもしれません。あるいは，思いもよらない子どもの様子に気付くことができるかもしれません。子どもたちの「**作品**」も，幼児造形，図画工作・美術科では「授業・保育記録」の一つです。それらをよく見ると，きっといろいろなことを教えてくれることでしょう。時には，簡単な「**アンケート**」をとってみるのもいいですね。さらに「**同僚や保護者とのおしゃべり**」からも，きっと新たな発見が得られることでしょう。

　以上のような，自分との「関わり」の方法は，**本書の第2部**（p.31 〜）で様々に紹介されています。

❷ 「見方」を得るための「関わり」

　鹿毛（2017）は，授業研究の基盤は「学び研究」であるとし，教師が「ど

う教えたか」よりも、一人ひとりの学習者が「何をどのように学んでいるか」に着目することが重要だと述べています[1]。このことは、子どもの表現や鑑賞が活動の手段である幼児造形や図画工作・美術科の学習ならばなおさらです。なぜなら、「子どもがどのように表現・鑑賞しているのか？」という、子どもの「見とり」があってはじめて「教師・保育者が何をすべきか？」が考え出されるはずだからです。

　ある子の学びの姿をどう解釈するかは、人によって異なります。それは、「見とる」とは、「見る＝知覚」と「とる＝解釈」が組み合わさってなされるものだからです。

見とる＝ 見る ＋ とる
　　　　　∥　　　　∥
　　　　知覚　　　解釈
　　　見ている　見えている

　例えば、音楽の鑑賞の時間に曲が流れている間、机に突っ伏している子どもがいたら、あなたはその姿をどう捉えるでしょうか？ …興味がないから寝てる？ もしかして具合が悪い？ あるいは曲調をじっくり味わってる？ …このように同じ子どもの姿の解釈に

違いが生じるのは、解釈にはその人の子ども観、教育観、授業・保育観が大きく関わってくるからです。当然そうした「観」は、人によって異なるものですから、自ずと解釈も異なってくるのです。

　だから、自分の子どもに対する「見方」、ひいては授業・保育に対する「見方」を新たに獲得するために、「他者」との「関わり」が必要になるのです。

❸ 「チームとしての学校」という「関わり」

　「チームとしての学校」とは、2016年に中教審の答申「チームとしての学校の在り方と今後の改善方策について」に示された考え方です[2]。

　そこでは「これからの学校が教育課程の改善等を実現し、複雑化・多様化した課題を解決していくためには、学校の組織としての在り方や、学校の組

織文化に基づく業務の在り方などを見直し、『チームとしての学校』を作り上げていくことが大切である」とされ、教員と多様な専門性を持つ職員が一つのチームとして、それぞれの専門性を生かして連携・協働することが求められています。

その「チームとしての学校」を実現するためには、次の3つの視点が重要であるとされています。

① 専門性に基づくチーム体制の構築
② 学校のマネジメント機能の強化
③ 教職員一人ひとりが力を発揮できる環境の整備

授業研究は、これらのうち主に3つ目の視点に位置付けることができるでしょう。つまり、先述したような教師・保育者一人ひとりの異なる「見方」の開陳と交流を通した授業研究に取り組むことのできる環境を整備することです。自分とは異なる「観」を持つ「他者」との交流を通して、子どもや授業・保育に対する新たな「見方」が得られるような授業研究に取り組み、かつそれを愉しむことができるようになれば、「チームとしての学校」はきっと実現できるでしょう。

そのためには、異なる考え方を否定せずに互いに腹を割って開陳し合える、公平でクリティカルな「他者」で構成される授業研究会が必要です。その構成メンバーとは、授業・保育実践に関する経験の量や専門性、立場の違い等から解き放たれた、共に「よりよい授業・保育」を目指し、子どもの学びの可能性に対してひらかれた“仲間”であることが大事です。この「チームとしての学校」という「関わり」が、毎日の授業研究には必要なのです。

1) 鹿毛雅治，藤本和久編：『「授業研究」を創る：教師が学びあう学校を実現するために』，教育出版，2017，p.12
2) 中央教育審議会「チームとしての学校の在り方と今後の改善方策について」（答申）
https://www.mext.go.jp/b_menu/shingi/chukyo/chukyo0/tousin/_icsFiles/afile/2016/02/05/1365657_00.pdf
（2023年2月25日参照）

Ⅲ 「日本型授業研究」への期待

1 誇り高き日本の授業研究

みなさんが取り組んでいる授業研究が今，世界で注目されています。

日本の学校教育現場における授業研究は，『日本型授業研究』『レッスンスタディ』として各国で参考にされています。日本が誇る一流の「輸出品」であるといえるかもしれません。

前節で，自分の授業・保育を自分自身で捉えることが困難だからこそ，授業研究では「関わり」を基本姿勢とすべきと述べました。同様に，私たちが行っている授業研究を他国との「関わり」において捉えることは，その価値を捉える上で有意義なことです。

2 日本型授業研究の特徴

日本の授業研究の特徴には次の4点があるといわれています[1]。

①教師の日常に密着した「現場第一主義」の研究であること

一般的に，研究の営みとは研究機関が中心に取り組むものであり，そこでの授業・保育とは，何らかの研究概念を実装するための "手段" として考えられがちです。しかしながら，『日本型授業研究』とは，授業が行われる学校という "現場" において取り組まれ

る研究であり，毎日の授業・保育の実践そのものが研究の営みなのです。

②同じ学校に勤務する同僚同士が学び合う実践コミュニティを基盤としていること

みなさんがイメージする授業研究の多くは，このスタイルかと思います。ここで，前節において「チームとしての学校」が，授業研究における「関わり」として重要であることを思い出すことでしょう。その学校とは，教師・

保育者同士が学び合う共同体として位置付けられるのです。

③事前, 事中, 事後といった授業のプロセスに応じたリフレクション的な思考が組み込まれていること

①であげたように, 授業・保育をすることそのものが授業研究ですから, その実践を丹念に捉えることが必要です。その丹念さの要件の一つが, 自身の授業・保育を"プロセス"で捉えることであり, "リフレクション（振り返り）"することなのです。日本では, そのための様々なツール（学習指導案, 授業記録方法, IT 機器など）が豊かに用意されていることも特徴です。

④教師の学びと成長を促すこと

教師・保育者の仕事は, OJT（on-the-job training）であるといわれます。直訳すると「職場内訓練」。授業研究もその一つということです。授業研究に関わることを通じて何らかの気付きや学びがもたらされることで, 教師・保育者としての成長が促されるのです。

3 世界とつながる授業研究

いかがでしょうか？ 私たちが取り組んでいる授業研究は, 世界的に誇れるものなのです。

同時に, 授業研究の領域は急速に国際化が進んでいます。その象徴として, 2006 年に WALS（World Association of Lesson Studies：世界授業研究学会）が設立され, 世界的なネットワークが構築されています（興味がある方は, ホームページをのぞいてみてください）[2]。さらに国際協力としての日本型授業研究の輸出も見られます。『毎日の授業研究』とは, 世界に誇る教師・保育者の仕事であり, 世界とつながる可能性を持っているのです。自信を持って取り組んでいきましょう。

1) 日本教育工学会監修, 小柳和喜雄, 柴田好章編著：『Lesson Study（レッスンスタディ）』, ミネルヴァ書房, 2017, pp.153-154
2) https://www.walsnet.org/（2023 年 2 月 22 日参照）

2. 『毎日の授業研究』の提案

Ⅰ 研究授業が授業研究なの？

1 授業研究は『＋α』の仕事？

「『毎日の授業研究』って，毎日の仕事に，さらに加える（『＋α』する）ものなの？」

この問いに対する答えは，「No」です。これまで述べてきたように，授業研究とは，教師・保育者の日常の仕事に「＋αする」もの（イメージ図A）ではなく，日常の仕事に「埋め込まれている」もの（イメージ図B）なのです。

準備	登園・登校	朝の会	保育・授業	給食	保育・授業	帰りの会	降園・下校	放課後	地域・保護者との関わり	片付け・準備

＋

授業研究（研究授業と協議会）

イメージ図A　日常の仕事に「＋αする」授業研究

準備	登園・登校	朝の会	保育・授業	給食	保育・授業	帰りの会	降園・下校	放課後	地域・保護者との関わり	片付け・準備

毎日の授業研究

イメージ図B　日常の仕事に「埋め込まれている」授業研究

2 研究授業 ＝ 授業研究？

でも現実は，校内研修や教育委員会主催による「研究授業」（「研究保育」も含みます）などのように，多大な労力を要する「特別な機会」として意識されることが多いのではないでしょうか？ そうなると，ただでさえ多忙を極める教育現場では，「できれば避けたいもの」になってしまいます。また，せっかく頑張って取り組んだのに研究協議会でコテンパンに酷評され，

「二度とやるもんか…」とネガティブな思いに至ってしまう，そんな残念な様子も多く見られます。

でも，そうではないのです。

まずは，「研究授業」が必ずしも「授業研究」とイコールではないこと（「研究授業」≠「授業研究」）を理解しましょう。日々の授業とは別の「特別な機会」としての「研究授業」ではなく，日々の授業をよりよくするために授業改善に取り組んでゆくこと，それが「主体的・対話的で深い学び」の実現のために求められている「授業研究」であり，本書で提案する『毎日の授業研究』なのです。

3 授業研究と授業改善

「1. 求められている授業研究」でも述べたように，「主体的・対話的で深い学び」を実現するための授業研究とは，何か特定の「型」を獲得することではありません。その実現を目指して「必要な学びの在り方を絶え間なく考え」「授業の工夫・改善を重ねていく」（中教審答申）営みそのものなのです。

そこに示されている授業研究の意味とは，「よい授業・保育」すなわち「主体的・対話的で深い学び」を求め，日々の授業・保育を恒常的に改善することの重要性です。**みなさんが日々行っている実践がまずあって，それをどう「改善」すればよいのかを考え続けてゆくこと，それこそが授業研究なのです。**

4 『毎日の授業研究』へ

とは言うものの，日々恒常的な授業研究を行うための「時間」もないし，その「取り組み方」も分からない，というのが現実なのではないでしょうか。

そんなみなさんのために，本書では日々の授業・保育をよりよくするための授業研究の考え方や具体的方法を紹介していきます。

繰り返しますが，授業研究は，特別な機会として「＋aする」のではなく，日常の仕事の中に「埋め込まれている」ものと捉えましょう。**日々改善を目指すことが『毎日の授業研究』な**のです。

Ⅱ　授業研究の意味とは？

1 何のため・誰のために授業研究を行うのか？

この問いは，授業研究に取り組む私たちに常に向けられるものでしょう。なぜなら，極言すれば，授業研究をしなくても授業することは可能かもしれないからです。だからこそ，授業研究の目的を明確にして取り組むことは絶対に必要です。

では，私たち教師・保育者が，自身の授業・保育を対象に取り組む授業研究とは，「何のために？」「誰のために？」行うのでしょうか？

それは一言で言えば，**「自身の授業・保育に不満があるから，それを解消するために行う」**ということに尽きます。授業・保育を日々行う教師・保育者が，自分の実践上の不満を解消するために行うのです。このことは，先述したように「研究授業」のような特別な機会だけでなく，日々行われている授業を対象にし，その成果は即座に改善へと還元されることを意味します。

つまり，**授業研究することが目的ではなく，授業・保育を通して何かを得ようとすることが目指される**わけです。では，「自身が実践している授業・保育に不満があり，それを解消するために行う」ことを目的とした『毎日の授業研究』を通して，どのようなことが得られるのでしょうか？

2 『毎日の授業研究』で得られること：「子どもの再発見」

『毎日の授業研究』で得ることのできる最大の成果は「子どもの再発見」です。

先に述べた通り，とりわけ幼児造形，図画工作・美術科における授業研究においては，「子どもが何をどのよ

うに学んでいるのか？」という，子どもの「見とり」から，子どもの学びを支え促進するための学習指導のあり方を考えていきます。そしてその「見とり」とは，授業者・保育者である教師・保育者一人一人の「子ども観」，「教育観」，「授業・保育観」に根差しています。だからこそ，自分とは異なる「観」を持つ「他者」との「関わり」が必要になります。

　ここで，授業研究における「見とり」には，次の２つの意味があることに注目してみましょう[1]。

A：指導改善のための「見とり」
B：「子どもの再発見」のための「見とり」

　Aの「見とり」は，教師・保育者が「よりよい授業・保育」を目指して自身の指導を改善するために行う「見とり」です。それは，育てたい資質・能力と題材の関係，材料や用具の種類や量，学習環境の効果などの学習指導の有効性を検討するために行われる，いわば目的的な「見とり」です。これは研修と称した授業研究や研究授業の機会において多く援用される「見とり」であり，「指導の効果」の検討が中心

的課題とされます。

　一方，Bの「見とり」は，教師・保育者同士が子どもの学びの事実に対する自身の解釈を開陳し合い交流することで，授業・保育のあり方や子どもの学びの可能性について考え合うための「見とり」です。これまでも繰り返し述べてきたように，この「見とり」には，他者との「関わり」が絶対に必要です。なぜならば，一つの授業・保育をめぐる解釈と考察は多様なひろがりを見せることになるからです。

　鹿毛（2017）は，授業研究においては「同じ場面を見ていても，特定の出来事が『見える人』と『見えない人』とに分かれる。そこでは五感を通じた『アンテナの感度』が参観者に要求される」と述べています。つまり，参観者自身が問われるのです[2]。

　「子どもの再発見」のための「見とり」の交流においては，まさにこの「アンテナの感度」を教師同士で高めあう交流がなされるのです。

　こうした「子どもの再発見」のための「見とり」を行うためには，次の要点を踏まえる必要があります。

① 子どもの姿を「抽象」でなく「固有」で捉える：漠然とした印象ではなく，具体的な姿で捉える

② 多視的・多面的に捉える：解釈・考察に優劣を付けずに，様々な可能性に目をひらく

③ 関係性から捉える：子どもと関わる諸要素（友人，教師・保育者，材料・用具，学習環境，時間等）との関係から子どもを捉える

④ 自身の「見とり」を疑う：子どもの学びに対して"たかをくくる"ことなく捉える[3]

⑤ 「見とり」の違いを愉しむ：むしろ「見とり」の「ズレ」に意味を見出す

④の「自分を疑う」のは，なかなかしんどいことなのに，⑤でそれを「愉しむ」って…どういうこと？ と思うかもしれませんね。でも，ここが授業研究の意味を決定付ける分水嶺です。

「自分を疑う」ことを「愉しむ」ためには，互いの解釈や考えに優劣をつけるのではなく，腹を割って自己開示ができ，それを尊重し合える"仲間"

が必要です。そうした仲間との「見とり」の交流からは、「他者の授業は、自分の授業を映し出す鏡である」[4]ともいわれるように、**子どもの「見とり」の「ズレ」から互いの「観」の存在を浮き彫りにすることができるのです。**

今までの自分の子どもの捉え方とは異なる捉え方に出会うことで、毎日顔を合わせてよく知っているはずの子どもの新しい面を発見すること。そうした「**子どもの再発見**」は、きっと毎日の授業に新鮮な感覚をもたらしてくれることでしょう。

それが、"愉しむ"ことなのです。

③ 『毎日の授業研究』で得られること：教師・保育者の成長

「授業力は教師の生命線である」といわれるように、授業・保育とは教師・保育者にとって最も大切な仕事であることに疑いの余地がありません。

ですが、ここまでで『毎日の授業研究』の目的について見てきたように、その仕事とは、決して"授業・保育が上手くできるようになる"ことや"指導技術の向上"だけを指すのではありません。そうした「スキルアップ」だけでなく、授業研究を通して授業・保育や子どもに対する「見方や考え方を更新すること」が何よりも大切なのです。

そうした意味において、『毎日の授業研究』によって得られることとは、「役に立つこと」というよりは、「意味があること」なのかもしれません。そしてそれこそが、その場その時だけの対処にとどまらずに、教師・保育者としての生涯に渡った成長につながる糧を得ることなのではないでしょうか。

さらに、その成長は、異質な他者を尊重し合う本当の意味での同僚性において促されます。教師・保育者は、子どもの学びや成長を中心に据えた共同体の中で成長してゆくのです。

1) 以下の筆者の論考を基に再構成しています。大泉義一：美術の授業を考えるために、教育美術 No.925, 2019, pp.14-17
2) 鹿毛雅治、藤本和久編：『「授業研究」を創る：教師が学びあう学校を実現するために』、教育出版, 2017, p.14
3) 筆者は、このことを研究会等で説明する際、自動車運転免許取得講習時によく聞く「だろう運転」でなく、「かもしれない運転」に例えることもあります。つまり、自身の経験則に基づいて予測することに慎重であるべきとする態度のことです。
4) 澤井陽介：『授業の見方：「主体的・対話的で深い学び」の授業改善』、東洋館出版社, 2017, p.138

Ⅲ 『毎日の授業研究』とは？

1 『毎日の授業研究』5W1H

それでは，いよいよ『毎日の授業研究』に取り組んでいきます。

はじめに，『毎日の授業研究』の「５Ｗ１Ｈ」＝「When：いつ？」「Where：どこで？」「Who：だれが？」「What：何を？」「Why：なぜ？」「How：どのように？」を考えてみましょう。

❶ When：いつ？

「いつ行うのか？」それは，これまでも述べてきたように，「毎日の授業で」です。特別に用意された機会ではなく，明日みなさんが行う授業・保育でも取り組むことができるのです。

さらに，授業・保育の「事中」だけでなく，「事前」や「事後」も含みます。田中（1989）は，授業（単元）の着想から学習の終了までを視野に入れた授業設計として「授業デザイニング」というモデルを提唱していま

す[1]。それによれば，授業設計とは，事前の構想を行う「計画デザイニング」，学習過程において子どもの反応を生かしながら計画を修正していく「実践デザイニング」，そして授業が終了した後で省察して修正を加える「改訂デザイニング」という３つの段階の過程です。

この考えから，以下のような授業研究の機会があることが分かります。

事前：題材の着想，題材研究，学習構想，子どもの反応予測など

事中：子どもの反応観察，見とり，解釈，教師・保育者の意思決定，計画とのズレに対する検討など

事後：振り返り，交流，改善，教師・保育者の自己成長など

このように，『毎日の授業研究』で

は「When：いつ？」を広く捉えることが大切です。

❷　Where：どこで？

「どこで行われるのか？」もちろん，「授業・保育の現場」です。さらに「When：いつ？」で示した通り，授業・保育が行われている「事中」のみならず，「事前」「事後」も含まれることから，その「Where：どこで？」とは，教室・保育室や校庭・園庭にとどまりません。例えば，みなさんが学校・園へ行く道すがらや放課後・降園後の保護者との語らいも含みます。

❸　Who：だれが？

「だれが行うのか？」当然，「私（あなた）」です。でも，これまでに何回も述べてきているように，「私一人」ではありません。様々な「関わり」を大切にしましょう。学校や園の同僚や保護者，地域の方々，さらには，もしかしたらあなたの恋人も授業研究に関わりのある「Who：だれが？」になるかもしれません！　また，人だけでなく，文献をはじめとした様々な情報も味方になることでしょう。

❹　What：何を？

『毎日の授業研究』で「何を研究するのか？」ここでは，シュワブ

（1983）が示した授業研究の主なる領域，すなわち「子ども」「教師」「教材（題材）」「学習環境」という領域とその関係性から考えてみましょう（図1）[2]。それら4つの領域のうち，自分は「What：何を？」授業研究の対象にするのか，自覚して取り組むとよいでしょう。

例えば，教師・保育者としての自分の子どもへの関わりを対象にしたり，授業・保育における環境が子どもの活動にどのように作用しているかを対象にしたりすることが考えられます。

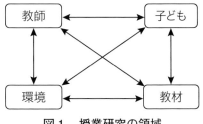

図1　授業研究の領域

❺　Why：なぜ？

「なぜ授業研究するのか？」これはつまり授業研究の目的ですので，すでにお話しした通りです。今一度まとめるならば，以下の通りとなります。

・自身の授業・保育に対する不満を解消するため

・子どもを再発見するため

・子どもや授業・保育に対する見方や考え方を更新して教師・保育者としての自分を成長させるため

これらの「Why：なぜ？」を常に大切にして取り組みましょう。

❻ How：どのように？

「どのように授業研究するのか？」『毎日の授業研究』とは，単に技術を身に付けること「スキルアップ」だけではないと前述しましたが，やはり具体的な「How：どのように？」は知りたいところです。

ご安心ください。この後，『毎日の授業研究』をデザイン思考のプロセスに準じて行うという「How：どのように？」を紹介し，続く第2部の「実践編」では，教育現場において様々に取り組まれた『毎日の授業研究』の具体的な「How：どのように？」の事例を紹介していきます。

---

2 『毎日の授業研究』とデザイン思考

では，『毎日の授業研究』の「How：どのように？」にデザイン思考のプロセスを適用することを提案します。

デザイン思考とは，EDIPT（エディプト）（Empathize: ユーザーへの共感，Define: 問題の焦点化，Ideate: アイデア創出，Prototype: プロトタイプ製作，Test: プロトタイプのテスト）という5つのステップを踏んで問題解決を目指すもので，STEAM教育の学習方略として活用されるなど教育における役割が注目されています[3]。

このEDIPTを"行き戻り"しつつアイデアを練り上げていく問題解決プロセスを，『毎日の授業研究』のプロセスに当てはめてみましょう。

(E) Empathize：ユーザー（＝子ども）への共感を通した洞察

授業・保育における子どもへの共感的な「見とり」を行います（具体的な考え方と方法は p.14～参照）。

(D) Define：洞察から問題（＝改善点）の焦点化

授業・保育における「見とり」から，先述したシュワブの「子ども」「教師」「教材（題材）」「学習環境」のどこに，あるいはそれらの関係のどこに問題があるかを検討します。

(I) Ideate：アイデア（＝改善策）の創出

見出された問題を改善する方略や方策を考えます。

(P) Prototype：プロトタイプ製作によるアイデアの可視化（＝題材研究や学習環境デザイン・学習指導開発）

改善策を具体化します。幼児造形，図画工作・美術科の授業・保育では，実際に材料や用具を用いたり，学習環境を変更してみたりなど，具体的に考えることが大切です。

(T) Test：プロトタイプによるユーザー反応の検証（＝授業実践）

改善策を実践することを通して，子どもたちの学びの様子にどのような変容があったか検討します。

以上の「EDIPT」を繰り返したり，ステップ間を行き戻りしたりすることが，『毎日の授業研究』の「How：どのように？」を実践してゆくことなのです（図２）。

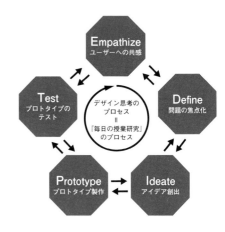

図２　デザイン思考のプロセス
　　　＝『毎日の授業研究』のプロセス

3　『毎日の授業研究』あれこれ，第２部へと続く…

さぁ，以上の「5W1H」と「EDIPT」を踏まえて，『毎日の授業研究』に取り組んでみましょう。

この後に続く第２部「実践編」では，様々な事例を紹介しています。ぜひ，ご自身が関心のある事例から参照してみてください。

1）田中博之（水越敏行編）：授業設計と展開の力量：講座 教師の力量形成 第２巻，ぎょうせい，1989，pp.32-56

2）Schwab, J., The Practical 4: *Something for Curriculum Professors to Do*, Curriculum Inquiry 13 (3), 1983

3）ティム・ブラウン著，千葉敏生訳：デザイン思考が世界を変える：イノベーションを導く新しい考え方，早川書房，2010

STEAM : Science, Technology, Engineering, Art, Mathematics の略。

クロストーク『毎日の授業研究』
レッスンスタディ

授業研究ホントのところ

　幼稚園，小学校，中学校，高等学校における実践家である先生方（元建福寺幼稚園の海沼恭史先生，大田区立南六郷小学校の上野広祐先生，横浜市立東山田中学校の荻島千佳先生，中央大学附属中学校・高等学校の大橋里沙子先生）と，授業研究の研究者である早稲田大学教育学部の大泉義一先生とで，授業研究の意味と，本書で提案している『毎日の授業研究』のよさと意義について語り合っていただきました。

● 授業研究って聞くと…？

大泉：今日はお集まりいただきありがとうございます。まず，本書のテーマである「授業研究」について，どんなイメージをお持ちかお聞かせください。

上野：私は授業研究が大好きです（笑）。でも，周囲には「大変そう」とか「面倒」だとか，授業研究に対してネガティブなイメージを持つ方も多いので，その差が生まれるのが一番怖いなと思ってます。自分だけ授業研究をしていると，「勝手なことをしてる」とか思われそうなので，「なるべくバレないようにしよう」とか（笑）。こうやって見えないところで取り組んでしまうと，先生方が授業研究をどう捉えてるのか，見えにくくなっているように思います。

上野広祐先生（小学校）

海沼恭史先生（幼稚園）

大泉：自身では授業研究をするけど，同僚と一緒にやるような感じにはなってないということでしょうか。大きくうなずいていらした海沼先生，その辺りどうですか。

海沼：まず，多くの先生方は自分の保育を見られて「そこ違うよね」みたいな"ダメ出し"をされるって思っているみたいです。保育の質を向上させるためというよりも，ミスの粗探しをされてしまうんじゃないかって。僕も上野先生と一緒で，周りがどうかよりも，自分が「これは大事だな」と思ったらどんどんやっちゃうタイプなんですが，そうすると周りと一緒にやるってことと相反することがあります。

大泉：授業研究には粗探しのイメージがあるから敬遠しちゃう先生が多い。だから仕方なく一人で取り組む感じでしょうか。

海沼：一人で取り組んだことが「いい取り組み」だったとしても，他の先生がそれを「やらざるを得ない」状況を生み出してしまう。それって，結果として仕事も増えてしまうので，どうしてもあまりいいようには思ってもらえないことが多いと思います。

大泉：授業研究をすると「いいこと」があるとしても，忙しい毎日に輪をかけてさらに何かをやらなきゃいけないという気持ちになってしまう。それに昨今は「働き方改革」も叫ばれているから，授業研究に取り組みたい人とそうでない人との間に温度差が生じやすいのかもしれませんね。

大橋：私は中学校と高校の授業を担当しています。部活も担任も校務分掌も大切な仕事です。でも，授業研究はすごく好きなので，どこかで時間の使い方を考えないといけないっていつも思っています。最近，私は授業研究を仕事じゃなく趣味でやってるんじゃないかって（笑）。

大橋里沙子先生（中学・高校）

荻島："趣味の仕事"って，すごく分かります。子どもたちに「先生って趣味がいっぱいあるよね」ってよく言われますが，それってきっと私が授業づくりが好きで，いつもワクワクしてるところから感じるのかなって。

大泉：先生方のお話をお聞きして，授業研究を行う機会をどう捉えるかというのが大事だと思いました。研究授業のように特定の時間だけでやるのではなく，実は同僚の先生方や子どもと一緒にいる時間

荻島千佳先生（中学校）

にやることが大事なのではないかということです。あとは，授業研究に注ぐエネルギーの使い方ですね。授業研究って仕事と割り切れないところが悩ましい。

荻島：同僚が大先輩の方ばかりだった頃は，授業研究に取り組むことを理解されずに苦労しました。「まぁた，勝手なことやって！」とかよく言われたけど，「だってこっちの

方がいいじゃないですか！」って全然言うこと聞かなかった。それで，今の私があるって感じ（笑）。

大橋：私は，学校でわりと自由に授業研究させてもらってると思います（笑）。高校3年生のカリキュラムで，教員の趣味や好きなことを授業にしてよいというのがあるんです。私，着物の着付けとかヘア・アレンジが趣味なんですけど，着付けをする授業や「新しいヘア・アレンジ」をする授業とかをしてます。面白い環境だなって思っています。

海沼：幼稚園でも，布の端切れをいろいろ工夫して身に着けて，おしゃれを楽しむ子がいるんですけど，大橋先生の授業のお話を聞いて，自分がやってる保育が高校までの子どもの成長につながっていることを感じて嬉しくなりました。

上野：小学校でも，子どもの生活から授業をつくっていくことは多いですね。

大泉：なるほど！　こうしたおしゃべりも，すでに授業研なのかもしれませんね。

荻島：そうですね。あと，私が全力で練り上げた授業をいろんな学校でやってもらえたら，絶対子どもたち面白がるのに！　って思って。授業研究やその成果をいろんなところで発表しています。「一緒にやろうぜ！　美術ってサイコー！」って思いながら。

海沼：「いいな」と思うものは取り入れるべきだって僕も思いますね。

上野：反対に，それぞれの地域の特性を生かした授業をしようと研究するときには，今は学校運営に「カリキュラム・マネジメント」の考え方が取り入れられているので，その地域や学校にあった授業研究にもつながっていきやすいというのもあると思います。

荻島：新教育課程で地域連携，地域の材の活用とかの考え方が出てきて，ほんと助かりますよね。上手に使いこなしていかないとね。

大泉：それと対局にあるのが，いわゆる「教科書を教える」だけの授業なのだけれども，今は学校ごとに特性のあるカリキュラム編成が促されているので，そこに授業研究に取り組む意味があるんですね。

大橋：STEAM教育を実現するために，理科の先生から「一緒にやりませんか？」って最近誘われています。

荻島：え，誘われるんですか⁉　いいなぁー。

大橋：今もこうして先生方とお話しすることでエネルギーをもらって，「私もこれでいいんだ！」って思えることが授業研究の醍醐味なのかなって思います。今日の先生方のようなエネルギーが広がっていくことが大事だなと思いました。

● 授業研究あるある

大泉：次に，ご自身が取り組んできた授業研究の機会に，こんなことがあったっていう経験をお話しいただけますか？

荻島：県の研究部で，実践を持ち寄って話し合う集まりがあるんです。持ち寄ったもの

をみんなで見ながら，この授業はどんなコンセプトで，子どもにどんな力を付けたいのかとか，どういう評価をしたのかとか，授業の面白さや難しさっていうことについても語り合うんです。それに参加するようになってから，抜群に実践力が高まったことを実感しています。授業について語り合える仲間をつくるといいですよね。

大泉：授業研究には仲間が必要なんですね。

上野：授業研究をしていると，最初は子どもたちの変化が見えにくいのですが，少しずつ着実に変わってくる。すると周りの先生方から「協力するよ」とか「こういうものもあるよ」っていうふうにアイデアをいただけたりします。なので，「子どもが変わる」ってことを中心に授業研究をしていくことが大事かなって思います。そうすると，確実に周りが変化してくるので，焦らずじっくりと取り組んでいくしかないなぁって。

大泉：時間がかかるものなのですね。

大橋：あと授業研究の協議会で，自分の授業のマイナス面を指摘されると，「二度とやりたくない！」ってなってしまうケースも見ますけど，私は逆で，協議会が静かで参加者が何を考えているか分からないと，かえって怖くなっちゃう。なので，逆にコテンパンに批判される方が好きだったりします。「あ，やっぱそこ見抜かれちゃったか」っていう納得もあるし，どうしたらいいかっていうアドバイスももらえるので，批判された方がありがたいって思ってます。

大泉：授業研究とは，他者から指摘されることで何かを発見する営みなのですね。

海沼：僕もちゃんと言ってもらえた方が嬉しいですね。自分にはない視点を教えてもらえると思うと，こんなありがたいことはないなぁって。確かに，批判されると凹むこともありますけど，でも「あ，そういうことか！」とか「そういう見方もあるんだ！」っていう気付きは，新しい道が開けるチャンスなんじゃないのかなって思います。

大泉：でも，時には褒めてほしいですか？

荻島：褒められたいですね（笑）。取り組んでる授業に共感してもらえたときは「よしっ！」ってなりますもん。でも，自分の中でいまひとつ納得できない授業もあって，そういう授業に対して「この辺りが弱かったんじゃない？」みたいに指摘してもらえると，とても腑に落ちることもあります。だから，批判をいただいたときにはちゃんと聞いて，「こういうところが私は甘いんだな。気を付けよう」って，いろいろ肝に銘じて学んできました。

大泉：自分の授業に対する不満や不足を自覚することから授業研究が始まるのですね。

荻島：自分の授業に「何かが足りないな」って思うときあるじゃないですか。そういうことを一番自覚できるのは，やっぱり子どもの顔からですよね。

大泉：反対に，褒めてくれるのも子どもでしょうか？

荻島：そうそう，ニッコリしたり，集中して楽しそうに活動している姿を見せてくれたら，「あー，幸せ！　今日の授業は大丈夫！」って安心しますね。

● 授業研究の工夫あれこれ

大泉：先生方は，授業研究でどんな工夫をされて
ますか？

海沼：僕はドキュメンテーション（注：子どもた
ちの学びの過程を，文字や写真などで記録するこ
と）に取り組んでいます。文章だけでなく画像も
用いるんですけど，普段の子どもたちの様子をど
んどん写真に撮るように心がけています。"いい
表情"を撮るよりも，"過程"を撮ることを大切
にしています。この写真（右写真）は，絵の具に

触って遊んでいるところです。この子ははじめ，絵の具に触りたがらなかったんです。
でも絵の具で遊ぶ友だちの様子は気になっていて，興味はあるけど触れないっていう感
じでした。それで，とうとう触発されて絵の具に触れた瞬間の写真です。当初は「イヤ
だなぁ」って言っていたんですけど，最終的には楽しそうに遊んでいましたし，後で聞
いたら「楽しかった〜」って言ってくれました。実はこの子，途中入園したばかりです
ごく緊張してたんです。でも，こういう経験の積み重ねで，笑顔で登園できるようにな
りました。さらに，こうしたドキュメンテーションを保護者に見せることで，子どもの
様子を共有することができます。事実を客観的に映してくれるので，絵の具という材料
のよさを改めて確認することができるし，自分の声かけもこれでよかったのかなってい
うふうに，保育の振り返りにもなります。

大泉：撮影機材は何を使っているんですか？

海沼：コンパクトデジカメです。表情とか細かいところを撮るには一眼レフの方がいい
んでしょうけど，材料や用具を持ったままで，構えないでパッと撮るのでコンパクトの
方が小回りが利きます。ノールックで10枚ぐらい撮って，その中でよいのが1枚でも
撮れていればいいって感じです。それをあとでざっと見ると，「あ，こんな姿があった
んだ」とか，「このときってこういう表情してたんだ」とかが分かる。そこから，この
子にはこういう関わりをしようとか，次の保育を構想することができます。

大泉：撮影するタイミングって，「ここだー！」みたいなのがあるわけですか？

海沼：あー，ありますね。一言でいうと"自分の中で心が動いたとき"です。これ，伝
え方が難しいんですけど，子どもたちの様子がなんか変わったぞとか，教室の空気が変
わる瞬間があるんです。子どもが「あ，これ面白い！」ってグッと入っていくときの表
情って必ずあるので，そこでサッとカメラを出せるよう常にポケットに入れています。
それでも間に合わないこともあるんですけどね（笑）。

大泉：たくさん撮った画像って，どう整理するんですか？

海沼：ブレたりしているのは消しますけど，もしかしたら，この後さらに子どもに変化があるかもしれないので，基本的に撮ったものは全部年度別でフォルダーにまとめています。後で見返してみると「あれ？」と思う子どもの姿も発見できることもあるので。

上野：私は，地域に根差した題材開発に取り組んでいます。そこでは，私が開発に取り組んだ軌跡を，子どもたちが同じように体験できるようにしています。子どもたちが自分たちで探究している感覚を味わえるようにすることで，問題解決に自ら取り組んでいる意識が生まれると考えています。なので，題材を決めるときには，「1年間でこんな力を付けさせたい」ということを意識して，年間のテーマを決めています。いつもまずは自分の足で地域を歩いて，地域を自分の感覚で捉えるっていうことから始めます。その後，国会図書館に行き，気になったことに関連する文献や資料にあたり，そこから使える情報を集めます。

一同：すごーい！

上野：こうした探究を，子どもが自分で取り組むようにするにはどうすればよいかを考えつつ，授業をスタートする流れです。例えば，これは学校の畑の土からつくった粘土なんですけど，これを使って焼き物にも取り組みました。最初はなかなか粘土にならなかったんですけども，いろいろ試行錯誤して，やっと形をつくれるようになりました。

荻島：え，粘土をイチから？

上野：本当にイチからですね。土を採取するための穴は1m近く掘りました。その穴から土をとってあげて，振るいにかけて土をこねる辺りから子どもが関わります。ただ，私が土まみれになりながら作業していると，子どもたちが「先生が何かやってるぞ？」とか「早くやりたい！」という気持ちになるので，時間のある子に少し手伝わせるなどして準備を進めて，ある時期に来たら学級全体で取り組むようにしました。

大泉：先生自身が，授業研究を楽しんでやることって大事なんですね。

上野：これ（下写真）は材料に使えると思って，地域の工場からいただいた廃材です。

大泉：まさに地域は教材の宝庫ということですね。こういうのって，どうやって見つけるんですか？

上野：隣の学校にいた用務員さんから，ここの工場見学楽しかったよっていうお話を聞いたので行ってみたんです。

大泉：授業研究では，いろいろな人との関わりが大事で，先生自身が創造的でないといけないことがよく分かりますね。

上野：自分が夢中になると子どもも夢中になってくれるので，自身がどんなことに面白がっているのかを意識しながら授業研究を進めています。

大泉：先生が面白がってることは，子どもに通じ

るってことですね。

荻島：私の勤務校の地域には，地域をつなぐ架け橋と
なるコミュニティハウスっていう施設があります。授
業につながる情報を得られるんじゃないかと思って，
「すみません，こんなことやりたいんですけど」と訪
ねてみたら，職員の方が丁寧に対応してくださいまし
た。「竹がほしいんです！」って言ったら，地域の造
園家の方の竹林を紹介してくれました。竹を刈るのは
自分たちでやりたかったので，生徒を連れてのこぎり
を持って竹を切りに行きました（右写真）。切った竹
は，すごく重いからってことで，地域の方がトラック
で学校まで運んでくれました。その竹を使ってランタ
ンやお正月飾りをつくってコミュニティハウスに寄贈

したんですけど，飾ってくれていて，ありがたいなと思いましたね。材料を地域からも
らったことで，子どもたちが途端に地域の一員ぶりを発揮して，「もらったものを大事
に使いたい」なんて言い出して興味深かったです。

大泉：授業研究が，そのまま子どもの深い学びにつながったんですね。

荻島：深い学びといえば，ICT（注：情報通信技術）の活用です。タブレットを使って
授業の振り返りを書かせているんですが，そこに子どもに自分のタイミングで写真を撮
って貼らせるようにしています。私がその振り返りを放課後や通勤時に見ながら「〇〇
君，今回は頑張りましたね。～の活動素晴らしかったですよ」とコメントを送信する
と，すぐに生徒から「今日も授業あるんで頑張ります」とか返信が来て，いろんな意味
でのつながりを感じました。それに，端末の活用と振り返りは子どもの思考の流れを見
逃さないようにするためにも有効です。デザインの学習では，色替えや描き直しも自由
にできるので，自分が納得する表現を探究できるっていうことも素晴らしい！　自分の
イメージに近づけるための色の調整や試作とか，自分の努力や試行錯誤の過程を私に気
付いてほしいのであれば，どんどん振り返りに貼るように言ってます。評価のときに完
成作品だけ見るのではなく，「あー，こういう試行錯誤を経てこうなったんだな」ってい
う，その子の思考の過程が分かるので納得しながら評価が進められます。今までのよ
うに手間もかからなくなってコスパもよくなりました。

大泉：幼児教育では，大人がドキュメンテーションを作成することで子どもの表現過程
を捉えるってことでしたが，中学生になるとそれを自分でつくることができるのですね。

荻原：そうですね。今までは，指導しなきゃ！　撮影しなきゃ！　印刷しなきゃ！　っ
ていう状態だったのが，ICTのおかげで指導に集中できるようになりました。

大泉：ICTは，授業研究に役立つってことですね。

荻島：ICT最高です（笑）。便利で，さらに楽。

大泉：ありがとうございます。そうしましたら，大橋先生お願いします。

大橋：これまでの先生たちの話を受けて紹介したいものがあります。先ほど荻島先生がおっしゃっていたように，生徒には学校だけでなく常に学びながら生きていってほしいなと思っています。これは学校の文化祭でのファッションショーの1コマです（下写真）。さっき幼稚園のお話で出てきた布で遊ぶ子の話を聞いて，幼稚園から小・中学校までに学んだことが生かされて，こういう表現ができるようになってるんだと気付きました。実はこの服，新聞紙でできてるんですよ。

荻島：おお…すごい…

大橋：SDGs（注：持続可能な開発目標）の考えを取り入れてファッションのデザインをしています。新聞に穴開けたり廃材を使ったりしてます。

海沼：すごい！ かっこいいですね。

大橋：他にも『着れなくなったドレスを18歳の私がリメイク』っていうテーマのデザインもあって，本人が小学生のときにピアノの発表会で着ていたドレスを高校生の今リメイクするというもので，"リ・デザイン"ってよんでいます。

荻島：オートクチュールですね（笑）。

大橋：日常にある素材を表現にどう生かせるかをいつも考えさせています。だから，日常にある美術って何だろうっていうことをスケッチブックにまとめさせています。特別なときだけに行うのではなく，授業時間外とか夏休みとかの日常生活の中で，自分が"美術"だと感じたものを手あたり次第集めてもらってます。

荻島：（スケッチブックを見ながら）いやー，この色！ すごくきれい！

大橋：自分がいいなと思ったり美しいと思ったりしたものをコレクションすることで，私たちの日常にも美術が存在しているってことが伝わればいいかなって。自分がお出かけしたときの写真を貼ってる子とかも結構いますね。美術を通して学ぶことの意味を日々考えていて，それが授業研究じゃないかなって思います。でも，私の授業って「研究授業向きじゃない授業」で，はたから見ると"授業崩壊"してるように見えてしまうかもしれません（笑）。

大泉：本時の授業だけを見ても，何やってるか分からん，みたいな？（笑）。

大橋：そんな感じなので，授業公開とか研究授業ではいつもビクビクです（笑）。

大泉：でも，そうした子どもたちの姿が，本当に美術を通して主体的に学んでいる姿なんだってことを，ぜひとも先生方と共有したいですね。

段

● 授業研究をするとこんなイイことが！

大泉：先生方のお話を聞いていると，ある程度のコストをかけながら授業研究に取り組んでいるのは確かだけれど，取り組むとそれ以上にイイことがあるっていう確信を持っているように思います。最後に「授業研究をすると，こんなイイことがある」っていうことについて，一言ずつお願いできますでしょうか？

海沼：授業研究に取り組むことで，保育者である自分自身が豊かになると思います。そしてそのことを通して，もちろん子どもの学びも豊かになるということかなと，一言でまとめるとそんなふうに思います。

大橋：授業研究をすると，社会の変化とか子どもの変化に敏感になって，常にアンテナを張っていられるなぁと思います。あと，現場で感じたこと，あやふやなことを文章や言葉にすることで頭の中が整理されたり，曖昧な点を調べることで正確な知識を得られたり，こうやって話し合うことによって評価がもらえたりすることだと思います。

上野：まずは自分が楽しいからっていうのがあって，それによって子どもが変わるってことがあると思います。授業研究をすることで何が一番変わるのかなって考えると，自分が普段眺めている景色が変わってくることですね。見方とか考え方が変わってくる。その感覚を，子どもたちと共有することが楽しいのだと思います。

荻島：子どもたちと一緒に試行錯誤しながら，学びをつくっていく喜びを感じていられることが一番イイことです。子どもが「分かったぁ！」っていう瞬間のキラキラした表情が見たいから。常に本当に楽しんで学んでほしい。子ども時代に学びが楽しくないわけないもん！　知ることや学ぶことは楽しいことなんだ！　っていうのが一番。だから日々あれこれと考えたくなるんです。

大泉：ありがとうございます。授業研究をすれば，役に立って，コスパがよくなって，授業もスムーズに行えるという視点は大事だと思います。だけどそれ以上に，先生方がおっしゃっていたように，子どもが楽しんで自ら変わると同時に，授業者である自分の「子どもに対する見方」や「授業に対する見方」が変わること。さらには，社会に対する目が開いていくような体験につながっていくことも大事だと思いました。そういう意味で，「役に立つ」だけじゃなくて「意味がある」のが授業研究なのかなって思いました。今日はありがとうございました。

大泉義一先生（司会）

『毎日の授業研究・保育研究』あれこれ

これまでの「理論編」では，『毎日の授業研究・保育研究』の全体像を捉えました。それでは，具体的にどのように取り組めばよいのでしょうか？

このあとの「実践編」では，『毎日の授業研究・保育研究』に実際に取り組む様々な方法を紹介します。

ここでは，授業研究・保育研究で材料となる対象として，「授業・保育記録」，「子どもの表現物や製作*物や作品」，「教材」，「アンケート」，「対話」をあげ，それぞれを使って取り組む『毎日の授業研究・保育研究』の具体的な方法を事例とともに紹介します。

材料となる対象には，さらに細かな対象がありますが，それらのうちどれを使うとよいかは，読者のみなさんそれぞれが，授業研究・保育研究を通して明らかにしたいことに応じて決めていくとよいでしょう。

日々の授業・保育と照らし合わせて，興味をひかれたページからのぞいてみてください。そしてぜひ，『毎日の授業研究・保育研究』に取り組んでみてください。

＊：本書では「製作」と「制作」を「製作」に統一して表記します。

1. 授業記録から

A：座席表・カルテ

子どもの姿と授業研究をつなげるために

1 「記憶」から「記録」へ，そして「授業研究」へ

　教師・保育者が授業の中で行うことは，時間配分や板書，発問や一人一人の子どもに対する支援など多岐に渡っています。そのため，どれだけ集中して授業・保育を行っていたとしても，そこでの子どもたちの姿の詳細を「記憶」だけに留めておくことは難しいことです。授業・保育の中で一番大切なのは，子どもの変容への「見とり」です。そのときは子どもの変容が見とれているように思えても，後から思い出せなくなってしまうことは避けたいものです。

　だからこそ，**授業・保育の中で，子どもたちがどのような「表情」で，どのような「言葉」をつぶやきながら，何を「表現」していたのかなど，子どもたちの様相を，授業・保育中に「リアルタイム」で「記録」に残しておくことが，授業研究を進めていく上で必須**となります。このことは，長期的に見ると，今後さらに授業研究や授業改善を進めていく上で，自身の授業研究の基礎となり，その方向性を確かなものとしてくれます。また短期的にみても，日々の実践において，次時での意図的な手立てを考えたりするための具体的な「根拠」ともなります。

　では，「授業記録」（保育記録を含む，以下同じ）は，どのような記録を，どのような方法で記録していくとよいのでしょうか？ ここでは，授業記録の具体的な取り方，目的に合わせた記録の方法やメリット，その分析の視点などについて紹介していきます。

２ 座席表

❶ 座席表記録は授業記録の入口

授業記録の中で，最も基本的で一般的なものが「座席表」といえるでしょう。

座席表とは，授業・保育の形態や場の設定を，例えば，図１のように表し，その空欄の中に，子どもの様子を記述していく記録のことです。授業・保育中に，教師・保育者自身が子どもの様相を記述していくことになるので，短い文章で綴るのがポイントです。

例えば，「Ａさんは，混色に挑戦し，水の量を試している」や「Ｂさんは，何を描こうかと困っている表情」など，短い文言で，様子や動きなどを「具体的」に記述していくとよいでしょう。

子どもの様子をつぶさに，具体的に記述していくことで，自身の授業・保育を振り返った際，次時の子どもに対する指導や授業・保育全体を構想する際に大変役立ちます。

❷ 座席表を読み返す際の視点

授業・保育後に記録を読み返す際には，変容があった子どもの記述だけでなく，空欄や記述の少ない子どもはいないか，などの視点からもチェックしてみましょう。

なぜなら，記述がなかったり，少なかったりしているということは，教師・保育者がその子のことを「見とれていない」ことを示しているからです。

教師・保育者自身がその事実に気が付くことが大切で，次時には，その子を意識して見とることができます。

このように座席表の記録は，子どもたちの表現や成長の記録であると同時に，教師・保育者自身が授業中・保育中，誰のどのようなことに目を向け，その姿をどのように見とっているのかを映し出す「鏡」ともなるのです。

〇月▲日（月）3・4校時　3年生『題材名』（3・4時間目／7時間）

黒 板			
材料・用具			
Aさん 混色に挑戦 水の量を試して いる	Bさん 何を描こうか悩 んでいた 声かけの支援を 2回	Cさん 花を描く 何本描くか，大 きさを考えて描 いている	Dさん 水の量が多く， 好みの色になら ないつぶやきあ り
Eさん 筆の塗り分けが 理解できていな かった	Fさん 空の色の青につ いて悩んでいる 様子 試し紙？	Gさん	Hさん 色を混ぜて，楽 しむ様子 主題はまだなさ そう
Iさん ローラーを使い たいとつぶやい ていた	Jさん 何種類もの花を 描く 本を参考にして いた	Kさん もう終わったと 満足していた が，丁寧さを要 支援	Lさん 下書きで終わっ ていた 次回絵の具から 始める

図1　座席表の例

3 授業記録を「カルテ」として活用するために

「カルテ」とは，お医者さんが患者さんの状態を常に把握し，計画的に治療を進めていくために行う重要な記録のことです。学校や園の中で，この考え方を用いると，「子どもの学習（保育）状況を把握し，計画的に学習（保育）を進めていくための根拠となる記録」となるでしょう。

では，そのような目的のためには，どのような記録の方法があるのでしょうか。

例えば，図1の授業と同じ場面を想定し，カルテとしての活用を念頭に置いた際の授業記録が，図2です。子どもの活動の様子を表として整理をしていく記録方法です。このときに大切になるのは，表の「項目」です。

この「項目」は，先生自身が設定をするものです。つまり，その授業・保育で，先生が何について見とろうとしているのかを「事前」に決めておくことを意味します。図1の座席表での記録との違いは，そこにあります。

○月▲日（月）3・4校時　3年生『題材名』（3・4時間目／7時間）

| 名　前 | 前時までの子どもの姿 | | | 次　回 |
	主　題	表現の様子	材料・用具の活用	次回の意図的支援
Aさん			混色に挑戦・水の量を試し楽しむ	対話を通して、主題をもつ
Bさん	何を描こうか悩んでいる			声かけ・資料や具体物の提示
Cさん	花を描いている	何描くか、大きさを考えながら描く		試し描きの画用紙を準備
Dさん	海で泳ぐ魚	海の色のグラデーションに挑む	水の量が多く、好みの色にならない	水分量について声かけや例示
Eさん	家族で登山	たくさんの木を描きたい。木や葉を大筆で塗りこむ	筆の塗り分けが理解できていなかった	筆の違いや使い分けを指導する
Fさん	空を飛ぶ鳥	空の色について悩んでいる様子	筆だと線が細かくでてしまい悩む	ローラーの提示
Gさん				要支援
Hさん	主題はまだ未定の様子	表すことが決まっていない	色を混ぜて、楽しむ様子	資料・写真などの具体物の提示
Iさん	海で泳ぐ自分	波の動きを考えて表している	ローラーを使いたいとつぶやき	ローラーの提示と準備
Jさん	花畑	何種類もの花を描く。本を参考にする	小筆で細かに表現	混色について、再度、支援声かけ
Kさん	育てているペット	もう終わったと満足していた	混色なし	丁寧さを要支援
Lさん	家族で行った旅行	下書きで終わっていた	次回絵の具から始める	絵具の使い方の指導・支援

図2　カルテ型授業記録の例

4 授業記録から授業・保育や子どもへの「問い」をもつ持つ

　座席表の記録では，起きた事象を"そのまま"記録していくことになりますが，カルテの記録では，あらかじめ教師・保育者が立てた項目に沿って"意図的"に子どもを見とり，記録をしていきます。見とりの視点を定めることで，事前の授業・保育構想の際に，子どものために考えた手立てが，実際の授業・保育場面で効果的であったのかなどを，子どもの事実から吟味し，分析することができます。

　ここで，図2のカルテの記録から，その具体的な活用について考えてみます。Fさんの「材料・用具の活用」の項目を読むと，「筆だと線が細くててしまい悩む」と記録されています。また，Iさんも「ローラーを使いたい」と希望をしている様子がうかがえます。これらの記録から，次時の教師の準備として，ローラーが必要となることが考えられます。

　授業・保育では，一斉に指導したり，教えたりする場面もある一方で，例えば35人学級であれば35通りの「困り感」とそれに対する「手立て」が必要となります。それらを教師が即興的に構想し対応するのには限界があります。そこで，カルテの記録を活用し，前時では子どもたちの「困り感」を把握，記録し，次時までの間に，「手立て」を考え，カルテに記載しておくことで，45分間の授業の中でも，その子にあった手立てを講じることが可能となります。

　続いて，AさんとHさんの「主題」（表わしたいこと）の項目を見てみましょう。2人とも主題が持てずにいることが分かります。

　ここで大切なのは，「なぜ，2人は主題が持てずにいたのだろうか？」や「この授業での導入は効果的だったのか？」や「子ども自身への働きかけが足りなかったのではないか？」という「なぜ？」や「どうして？」を考えながらカルテを読むことです。

　そうすることで，**単に次の授業に向けて指導を考えるだけでなく，自分自身の授業を研究するための「問い」が生まれてゆく**のです。

B：ドキュメンテーション

子どもの学びの姿が見えてくる

　近年，ドキュメンテーションを取り入れている授業や保育が盛んになっているのをご存じでしょうか。取り入れることで子どもたちの成長を今よりも促す効果が期待できます。ここでは，ドキュメンテーションについての授業研究を考えてみたいと思います。

ドキュメンテーションって何？

　ドキュメンテーションとは，どのような方法なのでしょうか？ 大豆生田啓友は，イタリアのレッジョ・エミリア市で生み出された記録様式のことをドキュメンテーションとしており，事後報告的な記録ではなく「プロジェクトと呼ばれる子どもたちの活動」の中で使われる要素と位置付けられていると示しています[1]。つまり，**子どもの学びの姿を写真や動画，音声，文字などで可視化すること**がドキュメンテーションといえます。よく勘違いされてしまうことがありますが，ただ可視化するだけでは効果は期待できません。**様々な人とその学びの姿を共有していく必要があります。**子どもたちの学びの姿を的確に共有することができたら，よりよい授業や保育になることでしょう。

ドキュメンテーションって大変？

　ドキュメンテーションと聞いて，写真や動画も取り入れるから難しそう，大変そうと感じる方もいるのではないでしょうか？ 中には，今以上に仕事量が増えてしまい，続けられないのではと思う方もいらっしゃると思います。ですが，やり方や捉え方によっては今よりも現場の先生の仕事を軽減することができますし，子どもたちの学ぶ意欲を盛り上げることにもつながっていきます。

1　ドキュメンテーションをつくってみよう

ドキュメンテーションを行う上で，カメラは必需品です。子どもの姿を記録するとき，記憶だけに頼ると細かい所を忘れてしまったり，思い込みで見てしまったりすることがあります。その点，カメラは客観的にその場面を切り取ることができるため，誰にでも分かりやすく伝えることが可能です。

❶　カメラを持って出かけよう

では，実際にカメラを使って何を記録していけばいいのでしょうか。

気を付けるべき点は，子どもの笑顔や作品だけを中心に撮らないということです。これでは，結果だけしか伝わらず，子どもの心の動きや学びの姿などを正確に捉えることは難しいです。

例えば，写真2だけではこの活動でどのような姿があったのか分かりません。ですが，写真1を見るとA君が絵の具に触れるのを少し躊躇しているのが分かります。写真1があることで，最初絵の具に触れるのに消極的だったA君が，周りの子どもたちから刺激をもらい，自ら触れて，絵の具の楽しさを味わったことが見えてきます。

❷　文章は簡潔に

子どもの姿を写真に撮ることができたら，次はエピソードを伝えていきます。教師・保育者の思いや感動したことなど説明が多くなってしまうと，内容が伝わりにくくなります。子どもの姿や様子を手短に表現するように心がけましょう。子どもの「こっちがいいかな」「○○くんのいいね」などのちょっとしたつぶやきなども取り入れると臨場感が伝わってより効果的です。

このように，その過程もしっかり記録することで，子どもの学びの姿を正確に記録できるドキュメンテーションとして成り立っていきます。

写真1　お手て汚したくないなぁ…

写真2　ほら、こんなにいい色になったよ‼

2　ドキュメンテーションから子どもを理解する

❶　子どもの学びの視点はどこ？

　冒頭でも述べましたが，ドキュメンテーションのメリットは，子どもの姿を客観的に見返せるということです。どんなことに夢中になって，何を感じていたのかを，目線や手の動きから導き出します。すると，子どもに対してどのような環境や援助が必要になってくるのかが分かります。そこから，子どもの学びの視点を理解し，授業・保育につなげていくことになります。

❷　授業・保育につなげよう

　子どもの学びを理解するのは，ほんの些細なことがきっかけになります。先ほどのＡ君のようにちょっとしたきっかけから取り組み方が変化します。だからこそ，作品だけでなく，活動に取り組んでいるときの子どもの姿を丁寧に見ることが重要になってきます。

❸　子どもと一緒にワクワクする

　ドキュメンテーションを通して子どもの姿が見えてくると，今度はどんな表現をしてくれるのかと，こちらも楽しくなってきます。子どもと一緒にワクワクする。教育の原点といえますね。

3　子ども理解から授業改善へ

　最後に，ドキュメンテーションを通じた子ども理解が授業改善につながるためのポイントについて考えてみたいと思います。

❶　みんなで話し合う

　せっかくでき上がったドキュメンテーションも，自分の視点だけで見ていては広がりません。同僚や保護者，時には子どもたちと見返していくと，自分にはない新しい視点に触れることができます。この取り組みを校内・園内研修にも取り入れる方もいるようです。

❷ どのような資質，能力が育っているか

その活動で，子どもたちにどのような資質・能力が育っているのでしょうか？ 丁寧に見ていくことで，子どもの育っている資質・能力に合った授業・保育に改善ができます。きっと，子どもが主体の授業になることでしょう。

❸ その子の育ちをヒントにする

教師・保育者としての自分の視点や考えではなく，子どもの育ちをヒントに授業・保育を組み立てていくと，子どもが感じて，考えて行動する手助けになります。授業・保育の主役は子どもです。ですから，その改善をしていくには，子どもの姿が一番重要といっても過言ではありません。

上手に取り入れると授業・保育の質が大幅に向上するドキュメンテーション。ぜひ，取り入れて授業・保育の改善に生かしてください。

1）大豆生田啓友，おおえだけいこ：『日本版保育ドキュメンテーションのすすめ第5版』，小学館，2022

 コ ラ ム 掲示頻度を上げるには

写真は，運動会の競技で子どもたちと一緒にお神輿をつくり直した活動のドキュメンテーションです。私にとって初めてのドキュメンテーション作成だったこともあり，こだわって模造紙3枚分の大作になってしまいました。保護者からは「子どもの姿が分かりやすい」と好評でしたが，掲示する頻度を上げられませんでした。次回作成の際にはこの反省を生かして，保育の中で印象に残った子どもの写真1枚とその様子をA4判用紙1枚にまとめるなど，もっと手軽につくるように心がけました。すると，一つの出来事を丁寧に書き出すことができ，その子がどのような学びをしているのかを明確に伝えられるようになりました。また，作業時間もかからず，掲示頻度も上がりました。

まずは，簡単なところから進めると継続していけると思います。

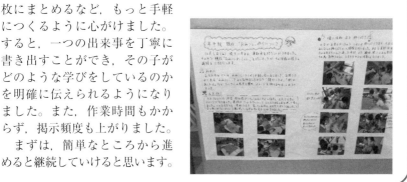

C：社会に開かれた「教科だより」

子どもの学びの記録を通して授業研究を深める

　私たち造形に関わる活動の教師・保育者は，日々，授業・保育をしながらダイナミックに変容していく子どもの姿をいつも間近で見て，それを誰よりも知っています。その中で，小学校以降では子どもの姿を客観的に捉え，授業研究，すなわち授業改善をしていく一つの形が「教科だより」です。

　「学校だより」や「学年・学級だより」と比べると，「教科だより」は少しハードルが高いかもしれません。しかし，「教科だより」を通して，教科の学びを広く社会へと開くことは，教科で育まれる資質・能力を情報発信することでもあり，指導者自身が授業を客観的に振り返る指導改善の仕組みにもなります。ここでは，具体的に授業研究の関わりや視点について考えていきたいと思います。

学年ごとの教科だより（令和2年度　小笠原村立母島小学校　中学校）

1 「教科だより」をつくりながら授業を振り返り，改善していく

❶ 「教科だより」で大切なこと

　教科の学びを伝えると同時に，自分自身の授業設計，材料や用具の提示方法などを写真という客観的なデータで蓄積し，「教科だより」として編集することは，自ずと授業研究につながります。編集という行為が「よりよい授業に改善していこう！」という気持ちにさせてくれるのです。授業改善や学習方法の工夫を考える手立てとして，教科だよりに挑戦してみましょう。

❷ 子どもの学ぶ姿を蓄積する「教科だより」

　他者に授業を伝えるということを意識して，デジタルカメラやタブレット端末で子どもの学ぶ姿を捉えるように心がけましょう。すると，授業を新たな視点で捉えるきっかけにもなります。そこが，「教科だより」を通した授業研究の肝です。ややもすると「あっ！ いい感じ！」「きれい!!」「おっ！ ひらめいた！」というような造形活動のハイライト的な瞬間だけを捉えることに集中してしまいますが，それをまとめるだけでは授業研究ではなく授業紹介にとどまってしまいます。

ですから「難しいな…」「う～ん，どうしよう…」というような，子どもが思案したり，想像力を働かせたりしている「考えている瞬間」も捉え，子どもの学ぶ姿をまるごと記録するような視点が大事になってきます。そして，それらの記録をもとに教科だよりを編集し，子ども，保護者，同僚などの学校関係者だけでなく，**学校外へと子どもの造形活動の学びを発信することが**できます。さらに，継続的に発行し，ホームページなどに掲載することで，授業者自身の実践アーカイブにもなります。それは，**過去と現在の授業を比較したり，検討したりする大切な財産**にもなります。

❸ 記録から発信で配慮すること

　下の写真1のように，子どもの顔が写っていなくても，学習活動の様子や雰囲気が感じられるような記録の撮り

写真1　外でのスケッチの様子

方が大切です。4月の授業開きの際に、「授業の記録として写真を日常的に撮るよ！」と子どもに伝えます。そして、**写真は授業をよりよくしていくための授業者自身の勉強にも使うこと**を強調しておきます。「**教科だよりを通して、君たちの学びの様子や成果を知ってもらい、未来の授業（後輩たちの授業）にもつながっている**」ことも伝えます。これが、日頃からカメラを意識せずに、自然体で学習に取り組む子どもと指導者とのよい距離感を保つ要因になります。より広く適切に情報を発信していくためには、各学校で決められている個人情報の取り扱いや対応に沿って教科だよりを編集することも重要です。それらに応じて写真を加工したり、撮影の画角や子どもとの距離も調整したりするとさらによいでしょう。

❹ 自分なりの「型」をつくろう

学校（園）・学年・学級のたよりにも「型＝フォーマット」があります。まずは、その「型」をつくってしまうとよいでしょう。題材、ねらい、子どもの学習過程（表現に限らず鑑賞も）、作品や感想など、一つ一つの題材を通してどのように造形活動が展開したか

を示すようにすると、単に作品をつくり続けている教科ではなく、**造形的な活動を通して、創造性を育み、見方や感じ方を広げ、深めている教科であることを示すことができます**。子どもは、授業の中で形や色、光と関わりながらイメージを膨らませ、「どうやって課題を解決していくか？」という造形的な学びと向き合っています。その過程を大切にしながら授業を日々記録し、省察することが教科だよりを充実したものにしてくれます。

発行の頻度は、校務とのバランスを考えて適切に設定しましょう。学年ごとに題材を時系列で並べると学年の様子を振り返ることができ、学年を超えて掲載すると他学年との比較や関連などが示せます。見通しをもって学習活動に取り組ませるきっかけにもなるでしょう。これらについては、学年や学級の特色、子どもの人数などを考慮し

写真2　中学校技術科の教員が小学校図画工作の授業に関わる様子

て編集方針を決めるとよいでしょう。

さらに教科だよりをきっかけに他教科の先生が授業を見に来てくれたり，関わってくれたりすることもしばしばあります。情報を発信するということは，写真2のように，その情報を頼りに，人やものが図工・美術室へと引き寄せられるきっかけにもなります。

❺ 学年によって異なる雰囲気を伝える

写真3は，中学校3年生が水墨による表現活動をもとに，修学旅行で鑑賞する予定の作品を調べたり，まとめたりする鑑賞活動の様子です。手前と真ん中の生徒は，自分の考えや調べたことをもとにワークシートに記入をしていますが，奥の生徒は電子黒板や黒板を見ながら，考えを整理している様子が分かります。

一方，写真4は，小学校3年生が各自で表現した木片を組み合わせた工作でつくった作品をタブレット端末で撮

影し，紹介し合う鑑賞活動の様子です。友だちと話し合いながら取り組む児童もいれば，思案しながら作品の置き方や撮る角度を考えている様子も見られます。このように，**少し引いた視点から子どもの様子を捉えることで，どのような感じで，どのように学習活動に取り組んでいるかが分かります。**学習環境の様子を捉えることは子どもの動線を振り返る記録にもなります。

図画工作・美術科の授業中は，子どもも指導者も授業に没頭していることが多く，手元に意識が集中しがちです。写真を見ながら授業の様子を思い出し，学習活動を通じて，どのような資質・能力が育まれていたかを検証し，教科だよりという型に授業の振り返りと改善を記録するイメージで文章を書いていくと，子どもの活動や発言が案外スラスラと思い出され，無理なく書くことができるでしょう。

写真3　中学校3年生鑑賞活動

写真4　小学校3年生表現活動

D：できないをできるに！ ICTで授業改善

「なんかうまくいかないな」は，はじまりのサイン

「今までこうだったから」からの脱却

　去年の子どもたちだったらうまくいった授業が，新学年の子どもたちにはしっくりこない。「今まではこうだったのに…」など，そんな感覚を感じていませんか？

　時代がどんどん変わり，子どもたちを取り巻く環境も激変しています。クレヨンで描いていた楽しいお絵描きは，タブレット端末を使ったデジタル作品に。苦労して手に入れたレタリングの技法は，フォントを"選択"するだけで使えてしまいます。今まで通りの，もしくは教師自身が体験してきた教育の焼き直しでは，子どもたちにとっては物足りない活動，魅力がない学びになっているのかもしれないのです。

　まずは，子どもたちのリアルに目を向けてみましょう。子どもたちは教師の知らない表現活動を楽しんでいるのです。「なんだかうまくいかない」と感じているということは，そこに気付けているサインです。これをきっかけにICT（情報通信技術）機器を使った表現活動の面白さや可能性に一歩踏み込んでみましょう。

　きっと目を輝かせて，新たな学び，時代にフィットする学びに夢中で取り組む"あのときの子どもたち"と再会できるはずです。

1 課題を適宜振り分けてみよう

　携帯電話の利用が小学校低学年に及び，学校でもデジタル端末を一人１台持つようになったことから，写真や動画を撮って使うことが簡単にできるようになりました。

　これまでのように教師が手間をかけずとも，子ども自身がやり方さえ身に付けてしまえば，各自の端末を駆使して，様々なことが可能になりました。例えば，かなえたいことをスライドにして親にプレゼンテーションしたり，動画を編集して動画サイトにアップし，友だちとフォローしあったりするなど，大人がびっくりするようなことをいとも簡単にやってのけます。

　今まさに，教師・保育者は子ども自体の見方を変えるべき時代に突入しているのです。

　ただ，ICT を学習活動に利用していこうとしたとき，どこにその学びの目的があるのか，育成を目指す資質・能力の獲得には身体活動で行うべきなのか，ICT に置き換えた方が深まるのかをよく考えて課題を組み立てていくことが望ましいでしょう。

　粘土や木，石などの様々な素材を用いる絵や工芸などに表現する活動は，材料の触り心地や匂い，扱いの手応えなどを実感できる，身体を使って感触や感覚から学ぶ大切な活動ですから，単純に ICT に置き換えるのは難しいでしょう。

　でも，そういった活動でも，一人一人の気付きや学びを ICT 端末を使ってまとめさせ，気付きや考えをデータとしてみんなでシェアすることで，今までの紙でのやり取り，先生と子ども一人という関係性から，より多くの友だちの気付きと出会うことができるようになります。

2 デジタルはトラブるから嫌？

意を決してICT機器を授業に導入してみると，途端に予想外の「なんかうまくいかない」と出会います。ここで，「だから嫌なんだ」と後ろ向きにならず，何がうまくいかないのか，どうしたら解決できるのかを，子どもの活動やつぶやき，要望をヒントに探ってみましょう。そこにもまた，改善のチャンスが潜んでいます。

「先生！　行がどっか行きました！」

「枠が動いて書き込めません…」

「間違って全部消してしまいました」など，導入直後でも，しばらく時間が経ってからもトラブルを訴える声は必ず上がります。

でも一方で，子どもたちのよい反応や声はありませんか？

「文字を書くより早いしきれい，写真や図も簡単に入れられる！」

「絵の具で塗るよりきれい！　しかも一瞬!!　神！」

「できることが増えて嬉しい」

新しいことを始めているのだからトラブルは"常にあるもの"と考え，子どもたちと一緒に少しずつ解決しながら成長すればいいのです。教師も完全ではなく，共に学ぶ人だというパラダイムシフトができれば，度々起こる「なんか変」を，教育系の動画なども手がかりにしながら一つ一つ解決したり，子どもたちから習ったりしながら一緒にスキルアップしましょう。**最初から完璧を目指さなくていいのです。**

3 不満をチャンスに

日々の「もっと○○だったらいいのに」という不満の中で，ICTに頼れることはないですか？

プリントを提出しない子どもがいて評価が難しくなるとか，保護者からのプリントが返ってこないなど，よくあ

ることですよね？　実はこれも改善の
チャンスなのです。

　例えば前者であれば，課題として配
布したデータに記入させれば，提出せ
ずとも教師側は内容を閲覧できるた
め，未記入があったとしても，未提出
者はいなくなります。

　また，プリントを配布しても保護者
の手に届かないのならば，デジタルデー
タを保護者に電子メールしたり，回
答用フォームに記入してもらい，回収
したりもできます。さらにこのように
回収すればその後の集計処理などの負
担も大幅に軽減できます。**ICT は時代
に合わない取り組みを明らかにしてく
れるもの**ともいえます。

　「黒板が見えにくい」と子どもが不
自由を感じている様子ならば，先生の
端末の画面を共有すれば自分の目前に
板書が広がる。子どもたちは重要と感
じた場面を各自スクリーンショットで
保存しておけば，そのあと何度でも見
直すことが可能です。Web カメラを
活用すると先生の試技も目の前でよく
見えて分かりやすい！　さらに動画に
してあげたら…と，**授業改善は少しず
つ教師も楽しみなことへと変わってゆ
きます。**

　「絵が苦手」だという子どもにとって
も，ICT が光明となるかもしれません。

　絶望的に嫌いと言われることさえあ
る絵に表現する活動も，絵の具の苦手
感や絵を描くことへの抵抗感は，何度
でもやり直しができるアプリを使うと
今までよりも不安感が薄れ，描く楽し
みや可能性に感動しながら没頭してい
く姿が見られます。絵の具の塗り方を
学ぶこと自体が目的ではないデザイン
の学習ならば，デジタルの方がむしろ
効果的だともいえます。もう，必ず絵
の具を使わねばならないという時代で
はなくなったのです。

　**できなかったことが，できるように
なるチャンスをくれるツールが ICT
機器です。**使い方を限定せず，子ども
のニーズに寄り添い，各自が使いたい
ときに使える道具として定着できるよ
うな環境づくりを目指していきたいも
のです。

E：抽出児

「この子」からどんどん見えてくる！

「子ども観」を大切に！

　学習・保育指導案（以下，学習指導案と記述します）の項目にもありますが，授業・保育づくりでは自分なりの「子ども観」を持つことが必要です。子どもたちの実態から，授業の目標をどう実現するか？　目標と子どもの懸け橋となるのが「子ども観」です。この「子ども観」を持つためには，子どもの実態を捉える必要があります。ここでは，抽出児を観察することで，「子ども観」を踏まえた授業研究に取り組む方法を紹介します。

それって本当に子どもの実態？

　子どもの実態を観察する方法の一つに，学習集団を俯瞰する方法があります。先生方は自然に行っているかもしれませんね。確かに「子ども」「教材」「環境」などの要因が複雑に作用する幼児造形，図画工作・美術科の授業・保育では，集団に注意を向けた方がスムーズに運営できますが，子どもの姿を捉えようとしたときに，活動での目立ち方や声の大きさだけに意識が向いてしまわないよう注意が必要です。作品はでき上がったけれど，子ども一人一人がどのような学びのプロセスをたどったのか，ほとんど覚えていない…そんな経験はありませんか？

抽出児から授業研究をすることのよさ

　抽出児を観察することで，子どもの思考・判断を"見える化"することができ，作品という結果だけでなく，学びのプロセスに光を当てることができます。「この子」を見つめることから，子どもの具体的な実態把握を行うのです。もしかしたら，「この子」の姿と日頃イメージしている学級での様子にはズレがあるかもしれません。しかし，そのズレについて考えることで私たちの「子ども観」が更新され，ひいてはよりよい授業づくりにつながっていきます。

1 どの子を観察する？ 記録の取り方ってどうすればいいの？

❶ 焦点を絞っていくイメージで…

それでは，どの子を抽出児として設定すればよいのでしょうか？

まずは学習集団を俯瞰して「苦手意識がありそう」「自信がなさそう」「つくるのが楽しそう」など，なんとなく感じている見とりをもとに「気になる子」を設定します。

そうした子どもに対する問題意識をもとに，ピントを合わせるように，ぼやけていた子どもの姿をはっきり写し出すために抽出児を設定するのです。

❷ 動画記録を活用しよう

授業・保育中に，抽出児のそばで筆記記録を取り続けることは現実的には不可能です。ですから記録は，メモの他にタブレット端末やビデオカメラを用いた動画記録も活用しましょう。

子どもたちの自然な姿を記録するため，図1のように子どもの意識がカメラに向かわないような設定を工夫します。動画記録をもとに，詳細な授業分析に発展させることも可能です。

E：抽出児

上から見た配置例

図1　抽出児記録の設定

49

2 子どものつぶやきから

　授業・保育中のメモを手に動画記録を見返してみましょう。どうでしょう？ 子どもたちの動きやつぶやきの多さに驚いたのではないでしょうか？ 普段聞き取ることのできる発言だけでなく，子どもたちは，目線や行為など実に様々な姿を見せてくれます。その中でも，ここでは子どもたちのインフォーマルなつぶやきに注目してみましょう。

❶ 友人や教師との関わり

　ある抽出児（Aさん）を観察したときのことです。Aさんは優等生タイプであるものの，課題にあまり前向きでなく，積極的な姿が見えないことから「表現に苦手意識を持っている子ども」と捉え，心配しながら観察を進めました。このときの題材は，自分なりに見立てを行い，見つけたものを班の友だちと伝え合う活動でした。Aさんは，はじめは同じ班の友だちの話を聞くだけでしたが，やがてポツリポツリと確かめるように自分の意見をつぶやく姿が見られました。また，教師が学級全体に投げかける言葉に対しても何やらうなずきながらつぶやいています。そこには，友だちや教師と直接やり取りしなくとも，自分のイメージを持ちながら表現に向かうAさんの姿がありました。

❷ おしゃべりは無駄じゃない…？

　この観察結果から，当初は「苦手意識」と解釈していたネガティブな見とりは，Aさんの「慎重さ」というポジティブな見とりと，自信を持つことができていない状況にあるという課題が見えてきました。このように，これまで漠然と捉えていた子どもに対する問題意識が，具体的な姿からはっきりとしたことで，その子のよさを生かしつつ，課題を解決するアプローチを検討することができたのです。また，つぶやきやうなずきにも目を向けたことで，当初の見とりとのズレを知り，リアルなAさんの実態に迫ることができました。

　「おしゃべりはやめよう」と制止するのではなく，**一見むだと思われる行為の中にも宝物のような「その子の発見」が潜んでいる**のです。

③ 授業改善に生かそう

❶ 先生が感じる「問い」を大切に！

　Aさんの姿から「子ども観」を更新することができました。しかし実際の授業では、子どもの数だけ子どもの実態があるので、「全員分を記録して見ることなんてできないよ！」…そんな声が聞こえてきそうですが、ここで大切なのは先生自身の「問い」をもとに子どもの実態を「観察する過程」です。映像には、授業・保育に関わる数多くの要素が凝縮されています。その中で一人の子どもに注目して観察することは、自身の「子どもの見方」すなわち「子ども観」を振り返ることにつながり、自身の授業・保育の具体的な改善に生かすことができるのです。

❷ 学習指導案に反映させよう

　抽出児を観察することで子どもの学びのプロセスを具体的に理解することができるようになると、「子ども観」だけでなく「指導観」にも変化がもたらされます。

　授業・保育後に学習指導案を見返してみてください。「子ども観」や「指導観」が変化すると、当然ながら授業・保育の「展開」も変わります。自分が書いた学習指導案を見返すことで、多くの発見があるはずです。ぜひチャレンジしてみてください。

❸ 明日から使える授業改善につなげよう！

　ここで紹介した観察の方法でも、子どもたちはその想定をはるかに超えてきます。そんな子どもたちと授業・保育を通して関わる中で、さらに**一人でも多くの子どものことを理解しよう**とすることが、**授業改善にほかなりません**。

　目の前の子どもたちの姿から学びながら「子ども観」を更新することで、よりよい授業・保育づくりを目指してゆきましょう。

Ｆ：発話（教師・保育者・子ども）

無意識を「顕在化」すると見えてくる

「発話」とは

　「すごい！　花びらの様子がよく表れているね。このままどんどん描いてみよう！」このように教師・保育者が授業・保育中に発する言葉を「発話」といいます。授業・保育は，教師・保育者による多種多様な発話によって構成されているともいえます。

「発話」の「教育的な意義」

　例えば，「今日の学習は，絵の具を使って○○を描きましょう」と学習にいざなう言葉も，「うーん，どうしようか？」と子どもと一緒に主題に悩む言葉も，教師・保育者が発する言葉なのでどちらも「発話」といえます。

　しかし，冒頭の「すごい！　花びらの〜」や，上記２つの言葉など，一見，何気ない発話のように思えても，「教師・保育者が子どもに働きかける言葉」として教育的に捉え直してみることで，発話の「教育的な意義」が見えてきます。

発話を３つの「教育言語」へ

　「教師が子どもに働きかける言葉」として，３つの「**教育言語**」があります。１つ目は，「**第１教育言語**」(山下 2003)[1]。これは，教師から学級全体へ投げかけられる言葉で，授業・保育を進める上で必要な指示や発問を指します。２つ目は，「**第２教育言語**」(山下 2003)[1]で，個々の子どもの学びを捉え，エンパワーする言葉です。３つ目が，「**第３教育言語**」(大泉 2011)[2]で，教師の子ども観や授業観に基づく情感的な言葉です。

　ここでは，この「教育言語」という視点から，自身の授業・保育を振り返り，授業研究へとつなげるための「見方」や，分析する「考え方」，また，その土台となる教育的な価値観などについて考えてゆきましょう。

1 「無意識」を「教育言語」の視点で顕在化する

❶「教育言語」で分類・分析

学習場面において，次のような先生の発話や子どもの姿，そして子どもからの応答があったとします。この場面を３つの「**教育言語**」に分類し，発話の教育的な意義について分析してみましょう。

題　　材：『気持ちを形や色で表そう』

対象学年：小学校高学年

 先生　　 子ども

〈授業の導入時〉

：「今日は，自分の気持ちや心の様子を形や色に表すことが，学習の目標です。」

：「使う用具は絵の具です。他にも，クレヨンや色鉛筆なども使うことができますよ。」

：「えー！ 心の中なんて見えないよ。何を？ どうやって？ 描いたらいいのだろう…」

：「うんうん，確かに。心の中は見えないものね。そうか…」

：「では，みんなは，楽しいという気持ちを色でイメージすると，何色になるだろう？」

まず，授業の冒頭に先生から，学級全体に対して

：「今日は，自分の気持ちや心の様子を形や色に表すことが，学習の目標です。」

と発話がありました。これは，先生が授業を進める上で必要な指示となるので**第１教育言語**です。しかし，その指示の後，ある子どもが，活動内容に対して

：「えー！ 心の中なんて見えないよ。何を？ どうやって？ 描いたらいいのだろう…」

と，不安な気持ちをつぶやきました。すると，先生はその不安な心情に対して

：「うんうん，確かに。心の中は見えないものね。そうか…」

と発話（**第２教育言語**）して，まず子どもの不安を受け止めました。

先生が，子どもの不安をそのままにせず，最初の指示だけで授業を進めるのではなく，子どもの理解とその心情

に，呼吸を合わせるかのようにして，子どもの学習目標の把握に努めたと考えることができます。

さらに，先生は続けて

：「では，みんなは，楽しいという気持ちを色でイメージすると，何色になるだろう？」

と，「楽しい」や「何色になるだろう？」という具体的な言葉を用いて，「発問」（**第1教育言語**）として，全体に問い直しました。そうすることで，子どもが，これから描こうとすることに対して，先ほどの指示的な導入よりも，さらにイメージを持ちやすくなるように授業の軌道修正を図り，手立てを打ったといえそうです。

このように，一見「無意識」のうちに発せられていた発話であっても，「教育言語」という見方に照らし合わせて分類し，発話の真意について考えていくことで，教師・保育者として授業・保育のあり方について，新たな視点で研究していくことができます。

さて，3つめの教育言語である「**第3教育言語**」についても，発話を分類し，分析してみましょう。

実は，先ほどの場面の中に**第3教育**

言語として分類される発話はありません。さらに子どもの学習活動が進んだ，続きの場面をみていきましょう。

❷ 「観」の表出と「第3教育言語」

〈授業の展開時〉

：「ぼくは，楽しいというイメージを赤にしてみました。」

：「うん，素敵だね。感じたことを大事にして，もっと描いていってみようね。」

：「先生，見て！ 私は，楽しいという気持ちを想像して，たくさんの色を使ったり，筆もいろいろと動かしたりしてみたら，こんな絵ができたよ！ まさか，こうなるとは！ 楽しいね！」

：「本当だ！ そんな感じの絵になるなんて！ 先生も，**想像もできなかったなぁ！ 面白い！**」

この場面において，子どもの発言（下線部）に対しての先生の発話

：「本当だ！ そんな感じの絵になるなんて！ 先生も，**想像もできなかったなぁ！ 面白い！**」

が，**第3教育言語**の分類となります。

先生のこの発話は，子どもに対しての何らかの指示ではなく，意図的に子どもを励まそうとする支援の言葉（エンパワー）でもありません。

むしろ，「想像もできなかったなぁ！」や「面白い！」という言葉からは，先生の「立場」からではなく，一人の「人間」として，「子ども」や「子どもが表したこと」に向き合った言葉に感じることができます。

このように，**第3教育言語**は，話者の情感が前面に表れた発話を指します。だからこそ，**第3教育言語**には，「子どもとは，どのような存在なのか」という「子ども観」や「授業・保育とは，どのような営みか」という「授業・保育観」が表れていくことになります。

❸ 発話の分類・分析とその価値

この「**教育言語**」の分類と，それに対する分析において心がけたいことは，分析の成果を「授業の導入場面は，第1教育言語と第2教育言語を交えて発話をした方がよい」などといった方法論的な解釈に帰結させないということです。

この項目の冒頭でも述べた通り，授業・保育は多種多様な発話から構成さ

れています。またそれは，目の前の子どもの姿によって，それぞれの教師・保育者が大切にしている「思い」や「願い」によって，表れ方もタイミングも千差万別です。つまり，発話の履歴の中には「正解」などないのです。

分析の大切な視点は，発話の履歴から，授業・保育づくりや教師・保育者としてのありようの「正解」を導こうとするのではなく，**自ら発した発話を教育言語の視点から客観的に捉え直したり，言葉を発した背景に「何があるのか」**と問うたりすることです。そうやって自らの内にあるものについて探究していく過程が授業研究へとつながっていくのです。そして，その中に，自らが追い求める「教師・保育者観」や，「授業・保育観」，そして，「子ども観」を見いだしていくことができるのです。

1) 山下政俊：『学びをひらく第2教育言語の力』，明治図書，2003
2) 大泉義一：「図画工作・美術科の授業における教師の発話に関する実践研究：図画工作・美術科の授業を構成する『第3教育言語』への着目」，美術科教育学会誌（32），2011

G：活動プロセス

「点」をつないで捉えよう

大切なのは学びのプロセス

　今日の授業（保育）も終わりました。子どもたちのつくりかけの作品を整理しながら，一日の振り返りを行います。手元には，記録したメモや写真，ワークシートなど，たくさんの授業記録が残されています。

　さて，こんなにたくさんの記録が残されているのに，子ども学びのプロセスが見えてきません。そんな経験をしたことはないでしょうか？

記録を活動の結果として捉えていない？

　子どもの活動プロセスを理解することは，子どもの学びのプロセスを理解することだといえます。授業記録を残すことが目的となり，子どもの記録を単なる活動の結果として見てしまうと，大切な学びのプロセスが見えなくなってしまいます。大切なことは，子どもの活動（点）と活動（点）をつなぐその間に，子どもに何が起こっていたのか，その軌跡を学びのプロセスとして捉えることです。それは，子どもの変容を捉えることであり，子ども理解を深めることでもあるのです。

多様な活動プロセスを捉えるために

　授業・保育が豊かなものになればなるほど，子どもたちの活動プロセスは多様なものになります。だからこそ，多様な子どものたちの，多様な活動プロセスを捉える，多様な方法が必要になります。ここまで，カルテや写真，映像，抽出児の設定などについて触れてきましたが，ここでは子どもたちの活動（点）と活動（点）をつないで捉えることで浮かび上がる"活動プロセス"から，どのように授業改善や授業研究を生み出すことができるのかという観点（子ども観や指導観）を踏まえた授業研究に取り組む方法を一緒に共有してゆきましょう。

1 点をつないで捉えるために

❶ 子どもと共に紡ぎ出す出来事としての授業

授業・保育は子どもと先生が共に紡ぎ出す出来事です。その意味で，子どもの活動（点）と活動（点）をつないで学びのプロセスを捉える中には，先生が行う指導・支援が状況としてすでに組み込まれています。したがって，子どもの活動プロセスを捉えることは，先生自身の指導・支援のあり方を問うことにもつながるのです。（学習指導要領では，指導と評価の一体化と謳われています。先生が評価を行うことは，一方で先生自身の指導のあり方を問うことでもあるのです。）

そこに先生の「授業・保育観」や「指導観」を踏まえた授業改善や授業研究の視点が生まれます。

❷ 学びのプロセスを捉えるポートフォリオ

それでは，子どもの活動（点）と活動（点）をつないで，学びのプロセスを捉えるためには，どのような方法があるのでしょうか。ここでは，**スケッチブックをポートフォリオとして活用する方法**を紹介します。

子どもたちが普段の授業・保育の中で発想・構想したこと，気付いたこと，メモやスケッチしたことを記録としてスケッチブックに残していくだけで，何も特別なことや難しいことはありません。ワークシートを使用したときにはスケッチブックに貼り付けます。

また，それをタブレット端末で撮影してデジタルポートフォリオにすることもできます。

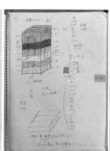

生徒のスケッチブック

2 点をつないで捉えよう！

❶ 活動プロセスから見えてくるもの

絵を描くことが好きなAさん（中学生）は，記憶を基にした絵を描くために，毎時間たくさんのスケッチを行い，表現を探っていました。その取り組みは真剣そのもの，スケッチブックには活動記録としてのたくさんのスケッチと振り返りの言葉が残されていました。そこから先生は，主題はつかんでいるので，次の時間には構想が固まるだろうと予想していました。

ところが，そんなAさんが次の授業ではスケッチブックをぱらぱらめくるだけで，絵を描くことをやめてしまったのです。大事件です。Aさんは，授業中にふらふらと歩き回り，周囲の生徒に話しかけるだけで，全く絵を描かないのです。その日のAさんの授業の振り返りには，「絵は描かない」と書いてありました。一体，何が起こったのでしょうか。

Aさんのスケッチブックを見直してみると，そこにはこれまで取り組んできたスケッチと共に，「瞬間ではなく，時間，連続」と書かれていました。

❷ 観察，記述分析，インタビュー

授業中の観察記録と残されたポートフォリオ記述を分析しながら，次の時間にAさんに声をかけてみることにしました。するとAさんは，何かしっくりとこないという感覚から，自分のスケッチを振り返る中で，自分の主題を問い直していたことが分かったのです。それが，記憶を「瞬間ではなく，時間，連続」として捉えるという言葉だったのです。また，それを「どのように表現しようか」と問い続ける姿が，ふらふらと歩き回り，周囲に話しかける姿だったのです。

一見，ネガティブに思われがちな離席や表現の停滞が，子どもの活動（点）をつないで捉えることで，ポジティブなものに変化しました。するとAさん以外の子どもたちの見とりにも変化が生まれ，先生は，子どもが表現の主題を問い直すことの意味や，周囲と関わることの意味を問い直す視点を持つことができました。これにより，先生自身の授業観や指導観の問い直しにもつながったのです。

3 活動プロセスを授業改善や授業研究に生かそう

❶ 授業記録は誰のもの

活動プロセスを捉えるための授業記録は，先生が子どもの学びのプロセスを捉えるためだけでなく，子どもたち自身が，学びのプロセスを振り返ったり，理解したりするための大切な記録にもなります。

自分の学びのプロセスを自分自身で理解することは，とても大切な学びです。Aさんがスケッチブックをぱらぱらとめくる行為は，これまでの活動プロセスを自分自身で振り返る大切な学びになりました。子どもたちが，自分の活動（点）と活動（点）をつないで捉え，学びのプロセスを振り返ることが，「つくること」や「見ること」の意味や価値を問い直す授業改善にもつながるのです。

❷ 授業研究は未知との遭遇

子どもと先生で紡ぎ出す授業・保育という出来事を，活動プロセスとして捉える中で，子ども理解が深まり，指導・支援の見通しを持つことができるようになりました。しかし実際には，先生が見通していたように授業・保育が展開しなかったり，子どもたちが先生の想定以上に多様なあらわれを示すことはよくあることです。そのとき，先生の授業・保育観や指導観に当てはめて子どもの活動を捉えようとすると，子どもたちの多様な学びのプロセスを見逃すことになってしまいます。大切なのは先生の見通しと実際の子どものあらわれのズレから，どうしてだろう，なぜだろうと授業改善につながる「問い」を立てることです。このとき，先生が普段何気なく行っている日常的な指導・支援やその考え方の中に，授業研究がすでに始まっているのです。

このように考えていくと，**子どもの活動（点）をつないで捉えることが，未知との遭遇のようにワクワクしてきませんか**。一緒に授業研究に取り組んでみましょう。

2．表現物・製作物・作品から

A：完成作品

一人で見る／みんなで見る／一つを見る／全体を見る！

さあ，作品完成！

「どんな授業（保育）にしようかな」と計画し，子どもたちと楽しく（ときに悩みながら）幼児造形，図画工作・美術科の授業・保育を進め，一つの題材を終えました。目の前には子どもたちの作品が並んでいる，そんな場面で「どんなふうに作品を見たらいいのだろう」と悩んでしまうこともあると思います。ここでは，完成した作品の授業研究への生かし方について考えていきましょう。

作品を「ジャッジ」しない！

子どもの作品を見ると，どうしても「ウマイ・ヘタ」という目線になってしまったり，でもそれではいけない…と悩んでしまったりすることがあると思います。一体どのように作品たちと向き合えばよいのか。それについては前項までの授業記録の視点や，次の授業・保育に向けてどう改善をすればよいかという視点が役立ちます。

なぜこういう作品になったのかな？

まず「この子が表したいことを表せたかな？」と考えながら子どもたちの作品と向き合うことが授業研究のスタートになります。題材名，場の設定，材との出会い方，授業・保育中の子どもたち同士の関わり方，教師・保育者との関わり方など，これらすべてが子どもの世界と出会い，作品として形を成します。ということは，これらのポイントについて振り返ることが，授業改善のヒントとなりそうです。

1　一人で見る／みんなで見る

❶　担任としてどう見る？

それでは，子どもたちの作品を見てみましょう。ここでは，「絵」を見ることを想定してみます。

前項にあるように「この子が表したいことを表せたかな？」という視点で作品と向き合いながら，授業・保育での子どもとの対話や行動観察，記録などを振り返ってみましょう。

例えば，そういえばこの子はあのとき表し方に納得していなさそうだったなぁ…と思い返し，なぜそうなったのかについて考えることが授業改善のヒントになります。

「導入で苦手意識を持たせてしまったかな」

「材が適当でなかったかな」

「場の工夫が必要だったかな」

「もう少し子どもとお話ししてみたらどうだったかな」

など，**子どもの作品を通して自分の授業・保育を振り返ることができると思います。**

また，自分の担任としての子どもの見とり方も振り返る，よいきっかけにもなりますね。

❷　子どもたちとどう見る？

「みんなの絵を鑑賞しよう」という時間を設けたり，普段の生活の中で子どもたちと絵を見るタイミングを見つけたりして，ぜひ一緒に作品を見てみましょう。その中で，子どもたちの視点の細やかさに感心したり驚いたりして，先生自身にとって多くの学びも得られることと思います。

「これ描いてるとき，○○さんすっごい真剣だったよね，いい感じだね」

「○○さんはかわいいものが好きだからこういう色にしたのかな」

「○○さん，めちゃめちゃ悩んでたけど，完成してよかったねぇ！」

と，本当に子どもたちはお互いのことをよく見ていますし，リスペクトし合っていることが分かります。

このような対話から，次の題材ではどんな授業・保育にしようか，どんなふうに導入の時間をつくろうか，どんな場を設定しようか…とアイデアを得られます。ぜひ「つくること」と「見ること」の素敵な循環が生まれるようにしたいですね。

2 一つを見る／全体を見る

❶ 自分もやってみよう！

作品を見る前におすすめしたいことは，先生自身も同じ材料・題材で作品づくりをしてみることです。限られた時間の中で子どもたちと同じように作品づくりをすることはなかなか難しいですが，少しだけでも材料に触れてみたり，自分だったら何を表したいかについて考えてみたりするだけでも構いません。

この経験をもとに子どもの作品をじっくり見てみると「作品づくりの追体験」をすることができます。そして「あゝ，ここを大きく描いたのは一番表したいところだからだな」「こんな表し方，思いつかないな，すごいな！」と，自分も作品づくりをしたからこそ作品から伝わるものがたくさんあると思います。さらに，自分自身の子ども観や授業・保育観についても多くの気付きを得られると思います。

そして，題材において工夫すべき点がクリアになり，授業改善につながります。**自分自身の作品づくりが，授業づくりにつながるなんて幼児造形，図画工作・美術科の面白いところ**ですね。

❷ 作品たち，子どもたちのよさを再発見！

展示されたり写真に残されたりした作品を見ると，実に個性豊かな学級・学年であることがよく分かります。中には似たような題材，構図，色づかいの作品もあり，「子ども同士が共鳴し合いながら活動したのかな」と活動中の和気あいあいとした雰囲気を想像させられることもあるかもしれません。

作品たちの個性はそのまま子どもたちの個性です。作品を通じて子どもたちのよさを新たに知ると，次の題材でこの子たちの資質・能力を発揮してもらうにはどんな工夫をしようかなと意欲が湧いてきますね。

3 子どもが資質・能力を発揮できる授業・保育とは

子どもたちが資質・能力を発揮できるための，具体的な授業改善のポイントを次の3つのキーワードと共に押さえてゆきましょう。

❶ 活動の「場」を工夫しよう！

全員前を向いているか，少人数のグループで向かい合っているか，全員が教室の中心を向いているか…。子どもたちの体の向きは案外大切な要素です。これにより友だちの活動の様子が目に入り，自然と自分の活動によい影響を受けることができます。

また，机の上で製作するのか，床に座り込んで行うのかなど，子どもの姿勢も作品づくりに大いに影響します。

❷ 授業の「導入」を工夫しよう！

題材と子どもたちとの出会いから，自分の「表したいこと」を見つけ製作

が始まります。先生が「さ，今日は箱で動物をつくろうね」と始めるのでなく，「箱がたくさん集まったね，今日はどうしようか？」「ちょっと箱を積んでみる？」と子どもたちとの対話を楽しんだり遊んでみたりしながら授業・保育の導入タイムを持てるといいですね。

❸ 子どもと「対話」しよう！

子どもたちは先生に作品の物語を聞いてもらうのが大好きです。作品づくりの中で，ぜひ子どもとたくさんお話ししてみてください。

「これは何？」と尋ねたり「上手だね」と褒めたりするだけでなく，子どもの作品への思いを引き出してみましょう。子どもが「これは明るい世界で，これは私でこっちは友だちなの」なんて話してくれているうちに「あっ，じゃあ次はこうしようかな…」と，さらなるアイデアを見つける瞬間に出会えるかもしれません。

B：表現の変化

子どもの表現／子どもを観察する／子どもと対話する／ 表現を記録して生かす

子どもたちの表現について

　授業・保育中に教室を回って子どもたちの活動を見ていると「最初と描いているもの，つくっているものが全く違うものに変わっている」ことがあります。また「手が動いていなかったが，今は勢いよく活動している」「勢いよく取り組んでいたが，今は活動が止まってしまっている」ということもあります。子どもたちの活動や表現は大人の目線からでは分からないことがたくさんあります。

先生の心構えが大切！

　子どもの表現は「変化する」ものです。幼児造形，図画工作・美術科の時間では造形的な活動のプロセスを通して子どもの資質や能力が育成されてゆきます。**表現が変化することは子どもたちが資質や能力を働かせて活動しているということになるのです。**でも，「授業（保育）のねらいと違っているからどうしよう」「作品のできばえが…完成しないからどうしよう」そんなことは気にする必要はありません！ 幼児造形，図画工作・美術科の時間は，子どもたちが自分たちの力で「自分をつくる時間」です。先生はそれをいざなったり，支えたりしていくことが重要です。

　そのために，まずは先生が子どもたちの目線になることや，子どもたちの活動や表現を受け止めていく心構えが大切になってゆきます。

活動の中で起きる表現の変化を捉え，授業づくりに生かしていこう

　子どもたちの活動や表現は授業・保育という枠の中では同じですが，よく見ると一人一人全く違っています。また，子どもたちの気分や状況によっても活動や表現が変化していくこともあるでしょう。これら子どもたちの**「表現の変化」**から日々の授業・保育をよりよくしていく視点を紹介していきます。

1 子どもをよく観察する

❶ 子どもを「見とる」

　学校や園の中で「子どもを見とる」という言葉をよく使います。「見とる」とは，よく観察するということです。授業・保育を「進めていく」のは重要ですが，「見とる」こともとても重要です。なぜなら，進めること自体はある程度手順化することも可能ですが，よりよいものにしていくためには一人一人に応じた指導や対応をしてゆく必要があります。それは子どもと関わっている先生にしかできないことで，「見とる」ことを大切にして授業・保育を行うことが重要になります。

❷ まずはじっくり見る

　子どもたちが活動を始めたら，まずはじっくりと活動を見ましょう。勢いよく取り組む子，じっくりと考える子，説明が伝わっていない子，いろいろな反応があります。このときにただ見るのではなく，子どもたちの「表情」や「雰囲気」に注目しましょう。やりたいことがイメージできているのか，考え中なのか，困っているのか，その子がどんな状況なのかを観察をして情報や状況を把握することが必要です。

❸ 作戦を立てよう

　子どもたちをよく観察したら，次にどのように指導や対応をするのか作戦を立てます。例えば，「あの子はスロースターターだから少しそっとしておこう」「この子は進めなそうだから，声をかけよう」「あそこは相談しているから，聞きにいってみよう」「こっちは，どんどん進んでいるから褒めにいこう」など，その子どもたちに合わせた指導や対応を考えていきます。

　また，考えている間にも子どもたちが質問や相談をしにくる場合もあります。その際には内容をよく把握し，子ども自身が考えた方がよいのか，先生が教えた方がよいのか，子ども同士の中で気付かせられるのかなどを考えて対応をすることが大切です。

2 子どもと対話する

❶ 子どもの思いを聞いてみよう

　子どもたちの活動には，次のような
ケースがあります。

① 　イメージや意図を持って活動して
　　いる。

② 　おぼろげにイメージや意図はある
　　が，はっきりしないまま活動している。

③ 　活動しながら思いつこうとしてい
　　る。

④ 　全く思い浮かばず手が止まってい
　　る。

　①に関しては，どんどん称賛して充
足感や達成感を持ってもらいましょ
う。②～④に対しては，まずやってい
る活動を受け止めてみましょう。「ど
んなことをしたいの？」などと声をか
けることで，子どもはやりたいことを
頭の中で整理して話してくれます。ア
イデアが思いつかない場合には，対話
を繰り返していく中で少しずつ思いつ
いていくことでしょう。技能的に困難
な場合には実演したり，一緒にやって
みたりします。先生は「教える」こと
に一所懸命になりがちですが，「聞く」
「寄り添う」「引き出す」「待つ」「見守
る」のを意識することが，子どもたち

が安心して活動できる雰囲気をつくり
出すことにつながります。

❷ 対話を通して子どものよさを発見！

　活動の中で子どもたちは様々な表現
をします。大人から見ると一見何をし
ているのか分からないことも，子ども
にとっては意味のあることもありま
す。それを理解し認めていくことで，
成長してゆきます。作品や完成物だけ
では子どもの思いを捉えることはでき
ません。活動の中で「何で？」と子ど
もに投げかけると，「○○だから」「□
□みたいにしたいから」と表現の意図
や理由などを話してくれます。それを
受け止め，意味付けや価値付けをする
ことで，子どもが気付いていないもの
に気付けたり，子どものよさを発見で
きたりします。その際には活動の様子
や表現の過程などを写真などで記録し
ておいたものを活用するなどの工夫を
することで，より深いやり取りができ
るようになります。子どもたちの表現
を通して，子どもの姿を見とり，指導
や評価に生かしていくことが大切で
す。

3 表現を記録して生かす

幼児造形，図画工作・美術科の学び
は，活動のプロセスの中にあります。
絵を描いたり，ものをつくったりする
過程で，資質・能力が育まれます。子
どもたちの表現や作品は，活動の中で
資質や能力を発揮したものです。完成
や提出したものだけを評価していて
は，子どもの姿を捉えることはできま
せん。しかし，活動の最中や表現の変
化を記録してゆくことで，子どもたち
がどんなことをしていて，どんなこと
を考えていたのかを見とっていくこと
ができます。そして，それらをもとに
指導・支援の工夫，改善や授業改善を
行っていくこともできます。

❶ 先生が記録する

子どもたちが取り組んでいる様子を
写真や動画として記録をする際には，
いくつかの視点を決めて撮影するとよ
いでしょう。①**楽しんだり一所懸命に
取り組んだりしている様子**，②**活動の
過程，製作途中の作品**，③**活動の終了
時，完成した作品**というように視点を
決めて撮影をすると，指導・支援や振
り返りの際にも活用できます。

❷ 子どもが記録する

文部科学省のGIGAスクール構想
の導入により，一人1台のタブレット
端末などが配布され，子どもたちが自
分で記録を残せるようになりました。
子どもたちが記録をする際にも視点を
決めるとよいでしょう。①**イイ**なと思
ったとき，②**工夫したところ**，③**難し
かったところ**など授業・保育のねらい
に合わせて設定するとよいでしょう。

❸ 記録したものをどう生かす？

記録したものは個別指導の際に生か
したり，授業・保育の振り返りの際に
生かしたりできます。最近では共有ア
プリ等を活用して子ども同士の鑑賞活
動を行うこともできます。また子ども
のタブレット端末内に記録を蓄積させ
ることでポートフォリオとして今まで
の活動から振り返ることができます。
さらに，記録した写真や動画をまと
め，編集して保護者に発表することも
できます。先生が記録したもの，子ど
もが記録したものを振り返ることで授
業・保育を客観的に見ることができ，
子どもたちの姿から次の授業・保育へ
の改善点が見えてきます。

C：ディテール

目を近づけると見えてくるその子の息づかい

こだわりや苦心の跡を受け止める

　表現は，一人一人違います。「こんなふうにしたい」「こうしたらどうなるかな」という，その子の思いや試行錯誤の痕跡，そのときの気分が無意識に表れる場合もあります。特に，幼児期から小学校低学年の子どもの作品からは何を表そうとしたのか，よく分からないこともしばしばです。そうすると，ついつい作品のできばえや"巧拙"に目がゆきがちですが，子どもたちの取り組みの様子に注目したり，目を凝らして作品を見たりすると，その子らしさが見えてきます。そして，その子がこだわったところ，苦心したところを教師・保育者が受け止めることによって，子どもたちは自己を肯定し，さらに表現しようとする意欲を高めてゆきます。

その子らしさを発揮するために

　子どもは年齢が低いほど，表現することを続けているうちに表現当初のテーマや目的が変わってゆくことがよくあります。

　また，共通体験をもとにした活動や，皆と同じテーマでの活動であっても，興味・関心やこだわり方，目の付け所は一人一人違うものです。教師・保育者は，そうした子どもの思いをくみ取りながら指導する必要があります。

　ここでは，そうした子ども一人一人の思いをくみ取るために，子どもの表現の「ディテール＝細部へのこだわり」に注目した取り組み例を示し，それぞれの取り組みで，その子らしさをより発揮できるような表現や作品への着目の仕方や子どもの様子など，授業・保育の改善へつながる視点を紹介します。

1 ディテール（細部へのこだわり）の例

❶ Tくんの苦心のあと（3歳児）

写真1はTくんが「キツネ」と命名したものです。

円を描こうとしたとき，描き始めに手元がずれて線が曲がり，そのままグルっと伸ばした線を始点につなげると，何だか絵本に出てくるキツネのような形に見えてきたようです。ふさふさのしっぽや耳や目，足も付けようと思ったTくん。でも，Tくんには4本の平行した直線を縦に描くのは至難の業でした。描かれた線をよく見ると，何度もつぎ足しながら，苦心しているTくんの吐息が伝わってくるようです。

担任がTくんに「とっても頑張って，足描いてあげたねぇ」と伝えると，「キツネのお父さんがね…」と，Tくんはたくさんお話したあと，数枚続けて描画を楽しんでいました。

写真1

❷ Mちゃんの願い（4歳児）

写真2は，Mちゃんが七夕の短冊に描いた，お腹に赤ちゃんのいるお母さんの絵です。「レントゲン描法」（描画発達の理論）とよばれるように，実際には見えないものを見えるように描いていますが，何よりも大切なのは，Mちゃんの気持ちです。弟妹ができ，お家に赤ちゃんがやってくる喜び，お母さんの健康への願いなど，様々な思いがあったことでしょう。そんな心のさまを何とかして表したかったMちゃんが，懸命に考えた結果，この描き方を思いついたのです。

描画発達の特徴は，子どもたちに共通して現れるものではありますが，**どのような思いでそのように描いたかに着目する**ことが大切であることを教えてくれています。

写真2

❸ 大好きな世界（5歳児）

　Kくんは電車を描くのが大好きです。その絵の中には，いろいろな車両や全国の路線などが描かれ，その知識の豊富さには大人も脱帽です。

　遠足で動物園に行く交通手段をクラスで考えたとき，Kくんがいきいきと発言をしていました。担任がこの機会を逃さずジオラマをつくるような遊びの場を整えると，電車好きの仲間が集ってレールを描いた段ボールを部屋中に敷き詰め，Kくんも駅の改札の形やアナウンスなどを友だちに教え，その一員として過ごすようになりました。

　写真3の絵は，そんな電車づくりを楽しむ日々の中で，部屋の片隅でKくんが一人で黙々と自分のために描いていたものです。Kくんの知識を総動員した絵の中には，連結部分やドアの形状などまで細かく描かれています。このようにKくんは素晴らしい集中力，思考力の持ち主なのですが，時間で区切られる集団生活では気持ちの切り替

写真3

えが苦手だったり，友だちの気持ちをくみ取れずストレスを感じたりすることがしばしば見られました。しかし，この個人的な作品が「Kくん，すごいね」と，友だちに認められることで，友だちとやり取りを楽しめるようになり，園生活の中で自分を心地よく発揮できるようになってゆきました。Kくんにとっては，一人描画に向かうという自分の世界を取り戻すような時間が必要だったのかもしれません。

　このように，日常の中での一人一人の何気ない表現を，絶えず教師・保育者が目を凝らし受け止めることによって，機会を逃さず，それぞれの子が輝く場をつくることができます。

❹ 形状にこだわるNくん，　　質感にこだわるHくん（5歳児）

　遠足に行く前，クラスの皆で動物園の資料を見ているとき，Nくんはその資料からキリンの舌がとても長いことを知りました。そこからいろいろな動物の舌にも興味を持って図鑑で調べるなどしていました。

　遠足の日，Nくんが実際に目にして釘付けになったのは，キリンが長い舌を瞬時に出したり引っ込めたりする速さでした。

　翌日，担任は日常的に自由に使える素材コーナーの他に，紙粘土や小さな木片，多くの紙類，空箱などを用意し，好きな動物をつくってみようと子どもたちに投げかけました。

　Nくんはキリンの舌をどうしたら表現できるかに取り組み，いろいろ悩んで選んだものは使い捨てのスプーン。舌先の丸みと，プラスチックの滑らかさが，口に見立てたカップ麺容器の切り込みにスルスル出し入れでき，とても嬉しそうでした（写真4）。

　一方，Hくんは紙粘土でタスマニアデビルをつくることにしました。

　形をつくり，絵の具で身体を塗ったのですが，何か気に入らない様子。どうやら毛並みの質感にこだわっているようです。材料コーナーのいろいろな素材を手に取っては考え，フェルトを貼ってみたり，竹串で削ってみたり。何度も試行錯誤した末にやっと見つけた方法は，毛糸を身体に巻いていくというものでした（写真5）。

　Nくん，Hくんの姿からは，**選ぶことのできる素材の豊富さと同時に，試行錯誤できる時間を十分保障すること**がとても大切なのだと分かります。

左：写真4　上：写真5

2 こだわりから見えてくる，その子らしさを生かして

　ここでは幼稚園の例をあげましたが，その基本となる考え方や視点は他の学校種でも共通しています。

　最終的な"できばえ"や"巧拙"だけでなく，日々の様々な取り組みの中で，一人一人の活動のディテールに注目して，その子のこだわりを受け止めること，その積み重ねが，その子らしさを引き出し，「主体的・対話的で深い学び」を実現するための一歩につながっていきます。

D：記　　述

子どもの言葉と照らし合わせて納得！
見とるのは文章力ではなく子どもの想像の道すじ

1 作品からだけでは見えてこない子どもの創造への想いを見とるため

　張り切って製作していたけれど，最後の最後に筆洗バケツをひっくり返してしまって…「もう美術なんてキライ！」ドロドロのまま提出。

　バケツをひっくり返してしまったことに先生が気が付かなかったら…

　大切なのは，子どもの葛藤・試行錯誤・色や形に込めた想いを見とれること。「頑張った過程をちゃんと見てるよ。分かってるよ」と子どもに伝えられること。

　私たちが育もうとしているのは，子どもたちが自分で選び，自分で試し，つくり，つくりかえ，つくりだす。その力であり，喜びです。授業・保育を通してどのような葛藤が子どもの中に起こり，どのように創造活動へと向かったのかを見とるには，作品だけではなく，製作過程の子どもの言葉や記述と照らし合わせることが大切です。記述で見とりたいのは下記の２点です。

　① 「製作過程での子どもの創造活動の高まりと試行錯誤の流れ」

　② 「完成作品の中に込められた子どもの思い」

　子どもの心情を見とるパーソナルアセスメント（現状把握のための測定）の中の作品法に基づく記述の分析を行い，記述による子どもの創造活動をどう読み取るかを中心にEDIPT，（p.20参照）に当てはめて授業改善の方法を探ります。

2 記述から見とる方法あれこれ

製作の過程を見とる

① 授業記録カード

日記形式。先生と子どもたちのコメ
ントのやり取りから励ましや簡単な
アドバイスができる。

> １クラス 38 人一人一人の
> 状態に，50 分間でどれだ
> け気が付いてあげられるか
> ……。困り感や質問を気軽
> に記入できるように声かけ
> しましょう。

題材名	日付け	本時の目標	工夫したところ。 次の授業の目標。家庭で準備してきた…
美術オリエンテーション	4/18	美術の授業の受け方について知ろう！	次時間や美術に楽しく取り組めるよう，しっかりと話を目で見て聞くことができた
発表＋ 私のマークの缶バッチ	4/25	伝わるように発表しよう	みんな自分のとらえ方を大きな声で分かりやすく説明してくれた。私もできた。
発表＋ 私のマークの缶バッチ	5/2	①相手に伝わるように発表②効果的に伝える工夫	みんなが覚えやすくて、カッコイイマークを考えられた。次の授業で缶バッチにするためにもっとがんばろう
私のマークの缶バッチ デザインの塗り方	5/9	ていねいに制作しよう	ていねいに、色ぬりや背景を工夫完成させられた！！
モダンテクニック 〜にじみ〜	5/16	色で心を表現しよう。	りんかくを上手く描くのが大変だったけど、頑張って楽しくかけた！
デザインの着色方法 私のマークの缶バッチ	6/20	完成まで全力で工夫して丁寧に制作する。	テストに向け、先生の発言や友達の発言をしっかりとクロッキーブックに記入し、何度も見て理解できるようにまとめた。

> 授業開始前に
> 「目標」まで
> を記入するよ
> うに習慣付け
> る。

② ポートフォリオ（一人１台端末）

スライドに製作過程の写真を貼り付
け，一言コメントを入れてクラスル
ームに提出。１題材で３〜４回提出
させると，子どもたち本人も作品の
変化が分かってやる気アップ！

> 「粘り強く学びに向かう態度」
> と「学習調整能力」を見とる
> こともできます。

完成作品とあわせて見とる

③ 名札のコメント欄

　表現していることや製作のきっかけ
や込めた想いなどを記述。

> 相互鑑賞や展覧会のときに
> は先生以外の鑑賞者にとっ
> ても作品の読み取りが深ま
> ります。

> 題材名　しぐさで語る動物たち
> 「おねだり柴犬」おやつを上目
> 遣いでおねだりしているところ
> を作りました。フワフワの毛を
> 表現するのが難しかったです。
> 『先生から⇒骨格と筋肉をよく
> 観察して作っていますね！』

④ ワークシートの記述

　作品の製作過程を１枚のワークシー
トに。過程のつぶやきなども含め，
最後の「まとめ」は子どもの成長を
先生も本人も自覚できるような内容
項目に。

> 「試しているうちに」
> 　⇒粘り強く学びに向かう力
> 「肩幅を」「頭の長さ」
> 　⇒骨格・筋肉・形（共通事項）
> 「（羽の）黄土色が難しくて」
> 　⇒色彩（共通事項）

自分のまとめ
最初はうまくできるか不安だったけど、試しているうちに納得いく
ものができて嬉しかった。
骨格は最初はこれで大丈夫なのか不安で、肩幅をどれぐらいに
したらいいのかとか頭の長さとか心配だった。でも後に切ったり曲げたり
に調整してうまくできた。
黄色がむずかしくてけっこう茶色くなってしまったが、羽の模様や
翼の形もかわいくできたので嬉しかった。茶色もかわいい。

3 中学校授業改善の一例：「授業記録カード」の内容項目改善

改善前の記述内容

① 本時のねらい。

② 頑張ったこと。悩み（相談したいこと），困っていること，やりたいことなど。

③ 授業外で頑張ってきたこと。

以上の項目の「授業記録カード」を使って
⇒EDIPTで授業研究・改善を行ってみましょう。

E：子どもへの共感を通した洞察

課題① 【生徒】忖度した記述になっていないか？

課題② 【教師】文章力の評価になっていないか？

　この記述，子どもが今の状況を本当に記述しているのでしょうか。評価を気にして，きれいごとになっていないか，忖度なしで記述できる心情になっているか，常に教師が謙虚に受け止める姿勢が大切です。

D：洞察から問題への焦点化

　項目を「頑張ったこと」としていたので，成果を評価されると理解し，「○○ができた」「○○を頑張った」の

みの記入になってしまう生徒が多くいました。

I：アイデア（改善策）の創出

　「作品創造系教科部会（技術・家庭・美術）」を開き議論。教師の設定したねらいに対して，子どもが自分ごとに引き寄せる方法を考えました。

P：プロトタイプ製作＝題材研究

　項目を「自分の今日の目標」とする。子どもが自分で目標を設定することで学習調整能力を育み，ルーブリック評価につなげられると考えました。

T：授業実践

　「悩んだり考えたりしたことも書いてね」「お家で考えたり準備したことも書いてね」「相談があるって書いたら次の時間は一番に見に行くよ！」「たくさん書かなきゃダメ，じゃないからね」項目を精査すると同時に，記入の目的を子どもに伝えました。結果，製作の実態に即した子どもの姿が浮かび上がる記述が見られるようになりました。

3．教材から

A：教科書との比較

ズレ＝授業で発見したこと

使っていますか？　教科書

　教科書は子どもたちに最も身近な教材ですが，実際は自分で題材を用意するのであまり教科書を使わなかったり，参考程度に使用するだけだったりという人も多いかと思います。でも，用意したその題材で子どもたちはどんな学びをするのでしょうか。ここでは，小学校以上の授業にしぼり「教科書」を取り上げます。

「やった」ことの記憶？　それとも「学んだ」ことの記憶？

　入学すぐの子どもたちにこれまでの図画工作・美術科の授業について聞くと，「○○はやったことある」と答えます。しかし，何を「学んだ」かということはあまり記憶に残っていないことが多いのです。「やったこと」で終わっているのであれば，授業を見直す必要があるように思います。

教科書を使って授業を見直す授業研究を！

　教科書と自分の授業（題材）とのズレは，子どもたちが学ぶべき内容とのズレともいえます。題材を通して子どもたちがどのような見方や考え方を得るのか，と考えることは大切です。そのために，教科書を通して題材を見直すことで，「やった」だけの授業から「学ぶ」授業に変えることができます。では，教科書を使った授業研究について，具体的に考えてゆきましょう。

1 題材の導入の段階で

題材の導入は非常に大切なものですが，単なる「作業手順の穴埋め説明」になりがちです。そうならないために，さらには，学ぶべき内容をしっかり確認するために，教科書を使用します。これから学ぶ題材と関連する教科書のページに掲載されている作品が，なぜ掲載されているかを考え，子どもに鑑賞させてみましょう。

❶ 発問を考える

表現の授業では発問をあまりしない先生が多いのではないでしょうか？しかし，**作品から子どもたちが自ら気付き，学び取るために発問は大切**です。目的や掲載作品によって発問の仕方を考えていきましょう。

発問例１：「何が描かれているか見つけて書き出そう」

これは，作品をくまなく見ることを促す発問です。よく見ることで "？" が生まれることが多くあります。写実的な作品であれば，具体的なものをたくさん見つけますが，抽象作品や不思議な表現の場合は「これは○○かな？」など，自身や友だちに問いかけたりして作品を見ていくことになりま

す。筆者はこの発問を「ウォーリー法」とよんでいます。

発問例２：「この作品の変なところ（不思議，謎）を見つけて書き出そう」

見てすぐに「これはおかしいでしょ！」という作品もあれば，「う～ん…」とじっくり考えてしまう作品もあります。どちらにしろ，「変だ」と感じるところに注目することは，作者の工夫やその表現の本質的なところを考え，気付くことにつながります。

発問では，掲載された作品から学ぶべき視点や考え方，造形要素について，子どもたちが自ずと気付くような思考の流れや，解説の際に腑に落ちる流れを考えることが大切です。

掲載された作品や，その掲載のされ方によって比較を促したり，補助資料を用意して見せたりもします。感じた

ことに必ず理由を書かせることも大切です。

② スモールステップでシンプルに

鑑賞時間は長くても5分程度です。周りの子どもとの情報共有や，教師からの解説と合わせて15分，長くても20分程度とし，1回の授業であまり多くの内容を取り扱わないように心がけ，授業の組み立てを工夫しましょう。

---

2 題材の途中の段階で

① ワークシート等の活用

一つ一つの表現題材には多くの学ぶべき視点や考え方，造形要素があります。それまでの授業での子どもたちの反応，ワークシートの振り返りや感想，製作の進み具合から，次の段階で学ぶ内容における教科書の使用方法や鑑賞する作品，発問を考えます。ここでは，子どもの実態に応じて教科書のページや題材を再構成していくことも大切になります。

また，それまでの授業で学んだ内容のうち大切な部分や学びが弱いと考えられる部分を，ワークシートで確認し復習できるように工夫することで，学んだことの定着を図ります。

② 自主的な学びや発見

長期にわたる題材に取り組んでいると，進度の速い子どもの表現が終わってしまうことがあります。そのようなときは，授業で使わない教科書のペー

ジを活用し，教科書掲載作品の鑑賞に取り組ませることも有効です（下記例参照）。選ぶ作品を題材と関連するものや新しい見方や考え方につながるものにすることで，子どもたちは作品から自分なりにヒントを見つけたり，感じたり考えたりして表現につながる知識を得ていきます。

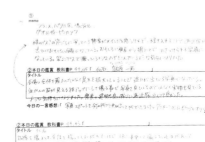

教科書ミニ鑑賞（中学校）
思い思いの見方や感じ方が記入され，また作品に生かそうという生徒もいる。

3 「やったこと」から「学んだ」ことが残る授業のために

ここまで教科書を使った授業研究について述べてきました。「やった」ことではなく「学んだ」ことの授業にするためのポイントをまとめます。

① 教師自身が学ぶ

教科書を使うということは，記載された内容について知っていなければなりません。掲載作品や作家について，教授資料さらに書籍やインターネットで教師自身が学ぶことで，美術や美術教育に関する知識を深めることができます。教師が美術を学びだと感じることができれば説明の広がりもでき，それが子どもにもきっと伝わります。

② 鑑賞と表現の一体化

授業で教科書を使うことを意識することで，鑑賞と表現を組み合わせたメリハリのある授業を行うことができます。さらに，スモールステップの学びにより，子どもたちはその時間にどのようなことを学ぶのかを意識することができます。

以上のことから，子どもたちは，楽しい製作を「やった」時間ではなく，図画工作・美術科を通して「学んだ」時間として意識するようになるでしょう。

③ 最後に

図画工作・美術科の授業は，単にうまく絵を描くとか形を再現することを学ぶ授業なのでしょうか？ そうではないはずです。教科書を活用して，子どもたちが学ぶべき内容と自分の授業とのズレを確認し，子どもたちにとって分かりやすく学びの多い授業となるように日々工夫してゆきましょう。

評価についても，作品ではなく学んだことを評価することで，子どもはその学びの内容をより意識するようになります。学ぶべき内容が分かれば，子どもたちの表現も生き生きとし，結果としてよい作品が多く生まれるようになるはずです。

B：アレンジ

こうしたい＝子ども理解

教科書題材をそのまま行ってもたいていはうまくいかない…

　学習指導案を例にすると，多くの場合教科書の事例や他の人の学習指導案を参考につくります。しかし，そのまま授業・保育をしてもたいていはうまくいかず，特に新任の頃は「なぜ…」と深く悩まされるものです。それもそのはずで，教科書の題材や他の誰かがつくった学習指導案には，目の前の子ども観，そして指導する自分自身のことが大きく欠けています。**子ども観，そして指導者が変われば授業・保育の方法は変わるので，どんな教材でもアレンジが必要になってきます。**

子ども観を常にブラッシュアップ

　教材のアレンジが必要であればこそ，自分と目の前の子ども観を分析することが重要になってきます。また，目まぐるしく変わる時代，場所とともに子ども観も毎年変化しています。子ども観の毎年のブラッシュアップとともに，題材や授業・保育の流れも変えていく必要があります。

年イチで課題と刺激を！

　同じ題材を何年も行っていると，ルーチンワークになってしまい，問題点が見えづらくなってしまいます。筆者は，**年に1回以上は新しい題材や新しい素材を扱うよう**にしています。もちろんうまくいかなかったな，と反省することも多々ありますが，そういった失敗から学べることの方がたくさんあります。恐れずに，ぜひ気になっていた素材や新しい題材にチャレンジしてみてください。

1 目の前の子どもに即したアレンジを！

❶ つながっていく学び

　筆者は現在中高一貫校で，中学1年〜高校3年までの美術の授業を教えています。美術の授業がフレッシュに感じられるように，年間行事予定表を見ながら文化祭や体育祭，芸術祭の行事の時期も考慮し，また，子どもたちの間で流行っているものもチェックしながら，目の前の子どもたちに合わせて毎年授業構成を変えています。

❷ 生身の体験を大切にしてほしい

　例えば，中学2年での実践です。子どもたちはオンライン授業を経験し，iPadを自在に使いこなし，スマホゲームや動画視聴，SNSが大好きですが，そんな彼らにこそ"生"の学校生活やコミュニケーションの重要度がさらに増しているといえます。もっと目の前

写真1　にゃーに花が咲いた（中学2年）

の「生きていること」を大切に感じてほしい！　という思いから，陶芸題材「暮らし感じる土の造形」で製作した器に多肉植物を植えました（写真1参照）。コロナ下は家に持ち帰って育て，リアルな世界で生きる命を慈しみ，鑑賞が続くような授業構成にしました。

❸ 他教科とのコミュニケーション

　図画工作・美術科は他教科になかなか理解されない…という嘆きをよく聞きますが，逆に私たちは他教科の大切にしている信念をどのくらい理解しているでしょうか？　また自分が担当する学校種を超えて，他の学校種の先生が大切にしていることを知っているでしょうか？　自分の教育活動を理解してもらうためには，他教科，他校種の先生が大切にしていることを理解することが重要です。他教科の先生の中には，自身が受けてきた授業の経験から，図画工作・美術科に対してよいイメージがない場合もあるのですが，展示や授業公開などで発信すると「今の美術ってこんなことしているんだ」と驚いてもらえます。逆に私たちも現在の他教科から学べることも多いのです。

2 アレンジの方法と考え方

❶ ちょっとした会話にヒントが！

例えば理科の先生が「ポスター発表で，素晴らしい内容の発表でも，色の使い方とか見せ方が悪いと内容が入って来ないんだよね…」とつぶやいたらチャンス！「美術と一緒に行いませんか？」と提案してみましょう。

Ａ３判の紙の上で，自分が理科の授業で研究した内容をどう見せれば内容をよりよく伝えられるのか。パワーポイントで簡単にできる時代ですが，ここはあえて紙の上で，色や文字の使い方を考えたり…など教科横断型授業のチャンスはいたる所にあります。

❷ 他教科とタッグを組んで

筆者が勤めている学校では，教科横断型の授業があり，現在は社会科や理科の教員とタッグを組んでいます。コロナ下においても，世界史の教員と相談して高校３年のオンライン授業を合同で実践しました。

世界史の教員からは，中世欧州のペストなどの感染症の歴史と絵画の関係について，14 世紀当時は原因が分からなかったため，ある絵画をお守りに

していたことや，当時の識字率の低さや社会背景についての話をします。

そして美術では，21 世紀の私たちが新型コロナパンデミックの中，美術の力で何ができるのかを考え，当時のマスク不足の状況下「大切な人を守るためのマスク」を作る授業を考えました（写真２，３）。自分にない知識を持つ他教科の教員と共に授業を行うと新しい授業が生まれるのです。

写真２　ソーシャルディスタンスも保てるアゲハマスク（マスクを付けることをプラスに）

写真３　着用時もタピオカが飲めるマスク

3 アレンジから見えてくるもの

❶ アレンジによって変わること

　教科横断の授業以外にも，アレンジの仕方は様々です。教員それぞれの個性や強みを生かしたアレンジをすることで，独自性のある授業をつくることもできますし，地域や学校の特性を生かしたアレンジを行うことによって，地域とつながる授業を行うこともできます。子どもにとっても，自分に身近な生活に関わる図画工作・美術科と触れることができるので，学びもより一層深まることでしょう。このことは，幼児造形についてもいえることです。

❷ 授業・保育のアイデア，そしてアレンジの種はどこにでも

　筆者はスキー部の顧問をしているのですが，部活の大会や合宿などの引率は美術とは関係ないと思っていました。

　しかし，ある合宿のときにご一緒した他校の物理の先生が雪山を見ながら話されたこんな言葉が聞こえてきました。

　「今見ている雪山の景色は美しい。自然＝美術なんですよね。すべて黄金比でできていて，葉っぱは螺旋状に生えてフィボナッチ数列で…」

　大変難しい物理の話なのですが，そのつぶやくような調子で話された言葉を，私はすぐさまスマートフォンにメモを取りました。自然の美しさを数学や物理の視点から考えられる新しい授業ができそうな予感がしたのです。

　一見，図画工作・美術科の授業と関係のない業務や日々の生活の中にも，授業のアイデア，アレンジのヒントがあったのです。

　気になったことは何でも，スマートフォンやノートなどに，どんどんメモをしてみてください。そのようにして蓄積した情報を後から見返し，つなぎ合わせることから，新しいアレンジが生まれることでしょう。

C：教材開発

「守破離」の精神で！

そもそも，教材とは？

　教材とは，授業・保育や学習に用いる材料であり，教科書・副読本・標本などを指します。幼児造形，図画工作・美術科では，表現および鑑賞の活動に用いる材料や用具，ひいては学習活動の主題（テーマ）＝題材の内容を含めて，広く教材と捉えてきました。ここでは，授業研究の視点から表現／鑑賞に関する学習内容（題材）を開発することに焦点を当てます。

目の前の子どもから

　教材開発は，子どもをよく「見る」ことから始まります。主に2つの観点をあげてみましょう。1つは，**子どもがどのようなもの／ことに興味・関心を寄せているのか**。子どもの心が動く「旬」を題材に絡めることは開発において欠かせないことです。2つ目は，**子ども自身の課題を探る**ことです。子どもに身に付けてほしい資質・能力を問うことから，授業・保育の目標やめあて（＝評価の観点）が見えてきます（学校・学年・学級目標も踏まえます）。これらを組み合わせると，目の前の子どもが欲する学び＝「いま・ここに必要な教材（題材）」のひらめきが自ずとやってくるのです。

開発することの面白さ

　教材開発は面白い！　と思える人は，幼児造形，図画工作・美術科の醍醐味である，“創り出す喜び，見る楽しみ”に真に通じているといえ，それは子どもがこの時間を愛する理由と重なります。教師・保育者自ら手を動かし，心身を投じて教材を生み出すことを楽しむ。はじめは魅力的に感じる題材にならい，よさを取り入れ，やがて独自の価値を構築する。いずれの段階でも子どもとの関係性を大事にしていけば，「守破離」の精神で教材開発の道がひらけます。

1　日々の暮らしの中に教材開発の芽を見出そう

　教材開発で肝心なことは，共に過ごす子どもを「見る」ことです。子どもの心が動き，体が動くもの／こと（興味・関心）は何か。子どもを「見る」ことは子どもの声に「聴き入る」ことでもあります。このような日々の観察を丁寧に行うことによって，教師・保育者としての願い（子どもに身に付けてほしい資質・能力，等）も加味され，子どもが欲する「学び」が自ずと見えてきます。そこには，必然的に今を生きる私たちの生活や社会における課題意識が反映されることでしょう。

　つまり，**教材開発の「種」は日々の暮らしの中にあるのです。**何気ない教室での会話，耳にするニュース，出かけた先での気付きに至るまで，暮らしを織り成すものごとの中に教材開発＝授業・保育づくりにおけるヒントは散りばめられています。その可能性の「芽」を見出す教師・保育者としての感覚を磨き続けたいものです。

2　あらゆることを想定し，必要なもの・ことにアンテナを広げる

　先に見つけた教材開発の「芽」を育むにはどうしたらよいでしょう。ここからは，より想像力を働かせることが重要です。

　授業・保育におけるあらゆることを想定し，関係資料を集めたり，必要に応じて文献等を読み込んだり，その道の専門家に尋ねたりすることもあります。そのとき，**常に子どもの声を携えて，子どもだったらどんな「問い」を立てるだろう，どんなふうに探究していくだろう，そしてどんなことに喜びを見出すだろう，と想像を巡らせなが**ら教師・保育者自身が対象（テーマや素材）**との対話を楽しみます。**すると，子どもと共有したいあれこれが浮かび上がってきます。ここに教材を開発することのわくわく感があるのです。

　具体的には，授業・保育で想定する用具や材料を準備し，実際に手を動かし「やってみる」ことです。その際，子ども一人一人に「なってみる」と，Aさんの迷いやつまずきの箇所が想定されたり，Bさんが必要とする支援が見えてきたりします。

　ここでは，授業・保育を想定して必

要なもの／ことにアンテナを広げ，実際に手を動かし，行為を通じて準備を進めます。そのような「教材研究」の結果を学習指導案に反映させ，書くことによって，その時点での思考を整理します。

③ 授業・保育中に探る省察のポイント

　いよいよ，開発した教材による授業・保育の実践です。

　初めて行う題材では経験値に頼らず，より注意深く子どもの反応を「見て」，課題があればその場で対処する必要があります。この新鮮さと緊張感を味わえるのが教材開発を行った授業・保育実践の醍醐味です。そこでは，授業・保育を進行しつつ，その只中に起きている出来事や子ども一人一人のありようを把握し，声かけや提案などといった次の一手を探ります。その状況に入り込んで「見る」と同時に働きかけを「探る」ことが，授業・保育中の「省察」行為です。並行して，授業・保育内における省察（気付き）が次につながるよう簡易的にでも記録

（書く，撮る，等）に残します。それは，さらなる教材の発展＝学びの深まりや可能性を見出すことにつながります。

　準備段階で前もって授業・保育で起こり得ることを想定したにもかかわらず，それを軽々と超えていくのが子どもです。教師・保育者の想定を超える子どもの発想や発見は，創造的で魅力的です。そのよさは大いに受け止め，応援したいものです。

　その一方で，子どもの発明的な行為は，ややもすると学校・園／授業・保育という枠組みから外れてしまうこともあります。その場や状況において，子どもの造形的な見方・考え方を支える教師・保育者としての感覚を研ぎ澄

ませ，その是非を瞬時に判断，適切に対応することが求められます。

その拠り所となるのが学習指導案です。決してしばられる必要はありませんが，この教材を通じて子どもと分かち合いたい学びの真髄とは？　と，そ

の都度，省みることは有効です。また，その場では実現不可能なことも，学習内容（目標—評価の観点）が変われば具現化し得るかもしれません。**子どもの行為（欲すること）は，まさに教材開発のヒント**なのです。

4 授業・保育後に深める省察のポイント

授業後は自身で教材「開発」の観点等から，振り返り（省察）の記録（学習の状況や作品などの可視化＝イラスト，写真，文章，等）をまとめてみましょう。すると，再び授業・保育の状況に入り込みつつ，冷静かつ客観的にそこでの出来事を振り返ることができます。

可能であれば，同僚などにあらかじめ授業・保育を参観してもらうなど，教材開発に関する省察に他者の視点を取り入れるとよいでしょう。自分では気付かない異なる見方や考え方に触れることで，子ども観の見直しや題材に対する価値の幅が広がります。

このように，写真やビデオ録画を通じて振り返ったり，省察を読み合ったりして，再び授業・保育や子どもについて対話することから，あらためて教材（授業・保育）の成果や課題が見え

てくるものです。

また，学習者（子ども）の声に耳を傾けることも大切です。授業・保育における取り組みの様子，子ども自身の学習記録における思考過程の読み取りに加え，事後のアンケート，インタビュー，日常的な会話から子どもの気付きやさらなる願いに聴き入ることで，直接的に次の課題が明らかになり，教材の更新や授業改善につながります。

4．アンケートから

A：子どもに対するアンケート

子どもの思いを授業改善につなげよう！

自分の授業ってこれでよいのかな…

　日々授業研究をして，材料や場を準備して，子どもへの言葉がけの内容やタイミングを考えて，子どもたちと授業を行って…そのような中で「自分の授業ってこれでよいのかな？」「子どもたちの思いに寄り添った授業づくりができているのだろうか？」と考えることもあるかもしれません。もちろん，それぞれの授業に「これが正解！　大成功！」というものはありません。しかし，自らの授業を振り返り改善していくことはとても大切です。自分で授業の内容を振り返ったり，校内や地区での研究会で自身の授業を公開し，授業協議を通して他の教員から意見をもらったりすることで，これからの授業に生かすことができます。その中で，授業に実際に取り組んでいる子どもたちは授業についてどのように考えているのでしょうか？　ここでは，**自分の授業を振り返る方法として小学生以上の子どもへのアンケートを活用した授業研究**について紹介します。

授業の主体である「子ども」に聞いてみよう！

　授業研究や授業改善を行っていく一つの方法として，**子どもたちへ授業の内容についてアンケートを取る**ことは有効です。子どもたちは授業に実際に取り組み，自らの思いを作品等に表現しています。教師として子どもたちの思いに寄り添い，子どもを大切にした授業づくりを行う上で，その主体となる子どもたちがどのように感じているのか，その思いを聞くことはとても重要です。では，子どもたちに自分の授業についてどのようなことをどのタイミングで聞けばよいのでしょうか？

1　子どもたちにアンケートを取ろう！

❶ 誰に，どのようにアンケートを取る？

「早速子どもたちにアンケートを取ろう！」としたときに，まずどのような方法でアンケートを取ろうかと考えると思います。紙や口頭，最近ではタブレット端末内の各アプリにあるアンケート機能も活用できるでしょう。そして，子どもたちの発達の段階に応じた方法を選ぶ必要があります。ある程度語彙や自分の考えを客観的に捉えることができる小学校高学年以降に行うのが効果的かもしれません。

❷ どのような内容を聞く？

子どもたちにアンケートを取る際にどのような内容を聞くのか項目を考えることは重要です。子どもたちに教師側が気になっていることを何でも聞いてしまうと混乱してしまったり悩んだりしてしまいます。教師が授業の内容について改善し，よりよくしたいと思っているということがアンケートを取る子どもたちにも伝わるような項目を考える必要があります。ではどのような項目を設定すればよいか，項目の例を紹介します。

① 題材のテーマについて

授業づくりをする上で，題材によっては教師がテーマをあらかじめ設定する場合があります。子どもたちの発達の段階に応じてテーマを設定することと思いますが，「果たしてこのテーマは子どもたちの思いに合ったものなのだろうか？」と疑問に思うこともあるかもしれません。そのことは，子どもたちの活動の様子から読み取ることもできますが，アンケートで子どもたちの思いを直接聞き取ることも効果的です。その際に，テーマについて肯定的に捉えているのか，そうでなかったのか数値化できるよう，択一式の質問にすることに加え，その選択の理由や他のテーマだったらどのようなものがよいか自由記述できる項目を設定すると，子どもたちが授業のテーマについて自分事として考えることができるとともに，今後のテーマ設定の参考にすることができます。

② 材料について

材料の大きさや量は，子どもたちの表現活動を支える重要な要素の一つです。授業づくりを行う際にもこの点に

ついていろいろ試しながら検討されることと思います。実際に活動を行い，材料について子どもにどのように感じたのか聞いてみると，材料の大きさや量は適切だったのか，他にもいくつか複数用意をしてその中から選べるようにした方がよいのかなど，今後材料を選定したり準備したりするための参考になるでしょう。

③　場の設定や座席について

　場の設定や子どもたちの座席の位置も，子どもたちが表現に取り組んだり協働的に学んだりする上で大切な要素となります。その点をアンケートで聞く際には，図画工作・美術科の学習とどのような関わりがあるかに注目しましょう。場の設定や座席がどのように自分の表現や学習に結び付いたのか，自由記述から読み取ると効果的です。もし記述式の質問等で聞くことが難しい場合は，子どもたちの活動を見たり対話したりすることから捉えることもできます。

❸　実践事例から

　ある地域の研究会で取り組んだ，小学6年生の絵に表す活動の研究授業の協議会では，テーマの設定が子どもたちの表現を促す手立てと成り

得ていたかということと，材料の大きさや量は適切であったのかということが議論されました。そこで子どもたちにアンケートを実施したところ，多くの子どもたちはテーマについて肯定的に捉えている一方で，難しさを感じている子どもも一定数いることが明らかになりました。難しさを感じている子からは，「テーマはよいが表現方法を立体にしたい」「テーマはよいが材料をより選べるとよい」といった意見や別テーマについての提案などが集まりました。また，材料の大きさや量についても，多くの子どもたちは肯定的に捉えていましたが，「より大きなものの方が自由に表現できる」「大きさを自分で選べるようにしたい」などの意

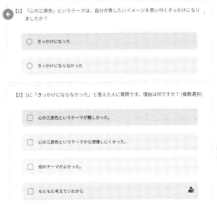

子どもに対するアンケートの例

見もありました。これらの意見は，協議会であがった意見を裏付けるものであったり，新たな考えをもらえたりなど今後の授業改善を図る上でとても参考になるものでした。

2 アンケートを取る上で気を付けること

ここまで，子どもたちへのアンケートの有効性や方法について紹介してきました。しかし，ここで気を付けるべきことは，子どもたちの意見がすべてではないということです。教師側も子どもたちの実態から育てたい力や必要な指導を考えて授業づくりを行います。教師側の主体的な思いも授業づくりには重要なのです。**子どもたちの思い**はもちろん大切ですが，**教師側の思いも相互に関連させながら授業研究や授業改善を行っていくことが大切です。**そして，子どもたちが「こうしたい！」と題材を自分ごとと捉えて活動できるように指導や支援を行っていくことを，日々の目標として取り組んでゆきましょう。

✏ コ ラ ム　学期ごとの振り返りから子どもの思いを読み取る

ワークシート等において，学期の終わりにそれまでの授業で頑張ったことなどを振り返ることもあるかもしれません。その際に，「○○の活動を通して△△なことができるようになった」「□□の活動が楽しかった！」「◇◇の活動が難しかった」などの意見が書かれていることがあります。そのような記述からも子どもたちの思いを読み取り，題材計画の作成や授業改善に生かすことができます。常に子どもの思いにアンテナを張っておきたいですね。

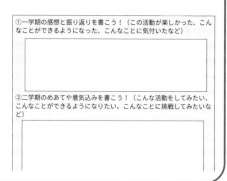

①一学期の感想と振り返りを書こう！（この活動が楽しかった、こんなことができるようになった、こんなことに気付いたなど）

②二学期のめあてや意気込みを書こう！（こんな活動をしてみたい、こんなことができるようになりたい、こんなことに挑戦してみたいなど）

B：保護者に対するアンケート

社会に開かれた教育課程の第一歩

保護者とともに目標を共有する

　題材やカリキュラムの開発・実践・改善のために，子どもたちの背後の保護者の視点を活用してみようと考えたことはありますか。

　社会に開かれた教育課程のもとでは，子どもたちを教育活動の中心に置いて，教師・保育者と保護者が「ともに育てる」という視点に立って力を合わせることがとても大切になります。**授業研究の対象となる題材やカリキュラムの目標，目標へのアプローチの方法などについて，事前に保護者と共有し，様々な局面で協力を得られるようにしていくことで，**教師・保育者側の独善に陥ることなく授業研究を進めることができるのではないでしょうか。

保護者とともに意義を探る

　また，授業・保育の過程や事後の協働としても様々な工夫ができます。代表的なものとして，題材やカリキュラムを展開する過程や終末における子どもたちの学習の状況や成果に対して，保護者の感想や意見，励ましを得るためのアンケートが考えられます。アンケートから得られる，量的，質的データを活用し，題材やカリキュラム，授業・保育に対する応援や客観的な評価を「見える化」し，反省的視点で授業・保育実践をブラッシュアップしてみてはいかがでしょうか。

保護者とともに授業・保育をつくる

　さらに，保護者に授業・保育に参画してもらうことを前提にした題材設定を構想することもできます。保護者を授業・保育に巻き込み，題材を展開する過程のワークシートにコメントをもらったり，授業・保育から生み出される子どもたちの作品を家庭で飾ったり，使ったりした感想をもとに，授業・保育の振り返りをしたりすることで，授業・保育の質を高める取り組みがあります。

1 授業・保育に関する事前の情報共有を図る

題材の目標，目標へのアプローチの方法などをあらかじめ保護者と共有して，授業研究を応援してもらう方法として，学級通信・園だよりや教科通信などを活用して，「今，学校（園）ではこんなことを大切にして，こんな授業（保育）をやっています」といった情報を提供することが考えられます。例えば，教科のグランドデザインや学習プラン（図1）などをそのまま，あるいはさらにコンパクトに加工して発信してみてはどうでしょうか。幼児造形，図画工作・美術科の授業・保育が，何のために，どのように営まれているのかを保護者の皆さんに知ってもらうことで，子どもたちは，友だちや

先生とは異なる最も身近な理解者との学習を巡る対話の機会を得ることができます。**具体的な資料を仲介にして，子ども，教師・保育者，保護者による授業トライアングルを形成することで，三者三様の題材に対する意識・意欲の高まりを得られるのではないでしょうか。**

ただし，こうした取り組みでは，保護者が子どもたちの経験を先取りして大人の考えを一方的に押し付けたりすることは，子どもの成長の妨げになってしまうことを十分共有しておく必要があります。そうしたことを学期始めの保護者会や，通信で十分に伝え，理解してもらうことも前提となります。

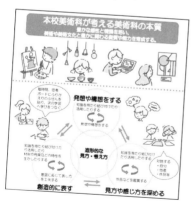
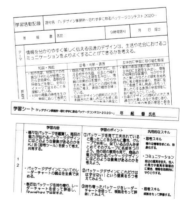

図1　美術科のグランドデザインと学習プラン

2 保護者アンケートをもとに授業・保育のプロセスを振り返る

題材やカリキュラムを展開する過程や終末の状況に対して，保護者からのコメントやフィードバックを得るアンケートは，様々なものが考えられます。ここでは，前頁に示したような学習プランに基づく題材の展開や振り返りを行う際にポイントとなる項目について，題材の目標が実現できていたかを保護者の視点を生かして振り返るために設計したアンケートを紹介します（図2）。題材の目標に即して設定した設問項目（5件法や4件法）に対する回答は数値化してグラフに表すことが

できますから，その題材の効果についての大まかな傾向をつかむことができます。〈量的データの活用〉

また，アンケート項目に収まらない感想や意見を吸いあげるために自由記述欄を設け，その記述を分析することで，題材の練り直しや開発に活用できる情報を得ることもできます。〈質的データの活用〉

前項で扱った子どもを対象とするアンケート結果も踏まえ，総合的な視点に立って授業・保育，題材，カリキュラムを改善していくとよいでしょう。

題材「心に灯をともす〜ランプシェードの製作〜」についてのアンケート

今回の題材，「心に灯をともす〜ランプシェードの製作〜」は，だれが使うのか，どこで使うのかといった条件を考え，材料の特徴を生かして光の効果を美しく演出することを通して，美術の学びを生活に生かす態度を育てることが目的でした。今後の教育活動をよりよいものにしていくため，以下のアンケートにご協力をお願いいたします。

〈1〉お子さんの学びのプランや作品をご覧になって
　①だれが使うか，どこで使うのかといった条件を考えてつくられている。
　　ア：とてもあてはまる　イ：まああてはまる　ウ：あまりあてはまらない　エ：あてはまらない
　②材料の特徴を生かして光の効果を美しく演出している。
　　ア：とてもあてはまる　イ：まああてはまる　ウ：あまりあてはまらない　エ：あてはまらない
〈2〉「心に灯をともす〜ランプシェードの製作〜」という題材について
　①この題材は，お子さんの美意識を高め，ものの見方や感じ方を深めていくのに効果がある。
　　ア：とてもあてはまる　イ：まああてはまる　ウ：あまりあてはまらない　エ：あてはまらない
　②この題材は，美術の学びを生活に生かす態度を育てるのに効果がある。
　　ア：とてもあてはまる　イ：まああてはまる　ウ：あまりあてはまらない　エ：あてはまらない
〈3〉その他，ご感想やご意見がありましたら，是非おねがいたします。（自由記述）
⇒右のリンクから回答を送信してください。https://　××××××××××××××××××

図2　題材に関するアンケート（例）

3 作品や成果物への意見や励ましを授業・保育のプロセスに組み込む

題材の目標，内容，方法等を踏まえた事前・事後のフィードフォワード，フィードバックの他に，最も実践しやすい保護者との協働として，授業・保育から生まれるワークシートや作品，成果物，実際の発表などに対してコメントや励ましをもらうということがあります。

学校や国では，学習発表会や作品展などがあると，展示された作品，演技やプレゼンテーションなどへの感想や励ましのコメントを募っていると思います。これらも授業改善に資する有効なアンケート機能をもつと思いますが，授業研究という視点からは，やは

り，授業・保育の展開，題材やカリキュラムといった指導・支援の文脈に位置付く形での意見や励ましが得られるとよいのではないでしょうか。そのためには，授業・保育計画に，あらかじめ保護者の参画を仕込んでおく必要があります。

図3は，中学校における「灯のデザイン」において，作品を実際に家庭で使ってみた際の感想を，保護者から寄せてもらった事例です。**教師や生徒とは異なった視点からの愛情のこもったフィードバックが，学習者が題材の意味を深く理解する機会を提供してくれています。**

図3　作品の展示・活用報告書への保護者コメント（例）

5．対話から

A：子どもとの対話

対話を通して子どもの「表したい」を引き出す

「いいこと思いついた！」

「あれやってみよう！」

幼児造形や図画工作・美術科の授業・保育をやっていると，自分の「表したい！」を見つけた子どもが，急にひらめきつぶやく場面によく出会います。

そのとき，子どもは決して独りでひらめいているわけではなく，たいていの場合，自分との対話をもとにして，友だちとの対話や先生との対話など，他者との対話を通して様々なことを感じ，考え，ひらめいています。

そして，自分の「表したい！」が見つかると，子どもは目標に向かってワクワクしながら主体的に活動を進めることができます。

子どもたちの作品の物語に関心を持って認めつつ，「どうしてこの色を使っているの？」「この形は何を表しているの？」など，時には問いかけることで，子どもの作品への思いや考えをさらに引き出してみましょう（p.66 参照）。先生や友だちなどとの対話によって，子どもたちがさらなるアイデアを見つけ，ひらめく瞬間に立ち会えるかもしれません。

まずは，目の前の子どもの思いや考えと向き合い，対話をしてみること。そこから授業研究が始まります。

では，子どもの「表したい」を引き出すためには，子どもたちとどのように接していけばいいのでしょうか。ここでは，日頃の対話から授業研究への生かし方について一緒に考えていきましょう。

1 子どもの考えを引き出すとは？

❶ 全員の「表したい」引き出せてる？

「先生！ 見て見て！」

「先生！ これすごいでしょ！」

子どもたちは，自分の「表したい」が見つかると，その喜びから我先にと「先生攻撃」をしてきます。

そんなとき，やって来ない子どもたちはどうしているでしょうか？

「この子は今，壁にぶち当たっているかもしれない…」，「あの子は今思考中だな…」など，それぞれの子どもの現況を俯瞰してみましょう。

幼児造形，図画工作・美術科には，子どもたち全員が自分の「表したい！」を見つけて活動をすることが求められています。そこで，この視点で自分を振り返ってみることが，授業改善の第一歩です。

❷ 聞いて，認めることから始めよう

「表したい！」を見つけることができていない子どもに必要な手立てを考えてみましょう。

このような子どもは，見方を変えると，教師・保育者側が投げたボールを，うまくキャッチできなかった子どもです。では，そのような子どもがボールをキャッチできるようにするためにはどうしたらよいでしょうか？

そんなときは，個々の子どもに寄り添って対話をしてみましょう。対話とは，話し手と聞き手があって初めて成り立つものなので，話し手側の「問いかけ」ももちろん大切ですが，子どもの「表したい！」を引き出す対話では，「聞く」ことで相手を知ろうとする姿勢がとても重要です。

「この子はどこで壁にぶち当たっているのだろうか…」，「あの思考中の子の今の考えを聞いてみよう…」など，まだ「表したい！」を見つけられていない子どもがどこでつまずいているのか。まずはその子の今を知り，認めることから始めてみましょう。

② 「表したい！」を引き出す近道

❶ 名インタビュアーになろう！

「聞かれることはポジティブなこと。頭の中の整理にもつながること。聞かれること，引き出されることは，決して受け身なばかりではないこと。」

（上阪徹：引き出す力，河出書房新社，2021 より）

この言葉は，「聞く」専門家として，3,000 人以上に取材をしてきた名インタビュアーの上阪徹さんの言葉です。

「聞かれる」というと，受け身な印象を受けますが，「聞かれる」の中身は，「その子自身の考え」です。だから，「表したい」を見つけられずにいる子どもには，こちらが名インタビュアーになって，その子の自分の「表したい！」への近道を一緒に探す手助けをしてあげましょう。

❷ 子どもと同じ目線で

相手の話しやすさを第一に考えてこそ名インタビュアーです。話しかける際は，かがんで視線の高さを合わせるなどの工夫をしてみましょう。

教師・保育者として大事にしたい姿勢は，もちろん「視線の高さ」だけではありませんが，**目の前の子どもに寄り添い，いつでも「子ども目線」を備えた先生は，子どもの目にも魅力的な存在として映るのではないでしょうか。**

そんな先生とならば，子どもはきっと安心して対話をすることができ，自分の「表したい！」への近道を，前向きに一緒に探し始めることができるのではないでしょうか。

実践編

5. 対話から

3 「深い学び」を引き出そう！

前頁のように，子どもの意見に共感することに加え，時には「なんでそう思うの？」「どうしてそう考えるの？」と問いかけて思考を促してみましょう。このような，思考を促す問いかけを含んだ対話は，子どもたちが各教科等で学んだ知識や技能を，生きて働くものとして実感できる手助けとなります。

下のコラムを参考にして，子どもが学びの中でつながりを実感できるような「深い学び」の実現に向けた具体的な対話に挑戦してみましょう。

> ✏ コラム 〔共通事項〕で対話をしよう！
>
> ここでは，子どもが自分の考えを「造形的な視点（形や色など）」で捉え，深い学びのカギである「造形的な見方・考え方」を働かせられるよう，〔共通事項〕を意識した個々に応じた対話の例を紹介します。
>
> 表現活動 …表したいイメージを表すことのできる形や色について，柔軟な例を示すことで，表したいイメージの具体に少しずつ迫る。
>
> 「その『表したい』はどんなイメージ？」
>
> 例１）柔らかい感じ？　　　例２）激しい感じ？　　　　　例３）どろどろな感じ？
> 　　 or 硬い感じ？　　　　　 or 静かな感じ？　　　　　　　 or さらさらな感じ？
>
> ⬇　　　　　　　　　　　⬇　　　　　　　　　　　⬇
>
> それは丸い形？　　　　　それはジグザグな形？　　　　それは明るい色？
> 　or 四角い形？　　　　　　 or 平らな形？　　　　　　　 or 暗い色？
>
> ⬇　　　　　　　　　　　⬇　　　　　　　　　　　⬇
>
> それは明るい色？　　　　それは力強い色？　　　　　それは細かい形？
> 　or 暗い色？　　　　　　　 or 優しい色？　　　　　　　 or 塊のような形？
>
> 鑑賞活動 …「どこからそう思う？」で，感じたイメージの根拠に迫る。
>
> （例）子ども：「静かな感じがする。」
> 　　教　師：「どこからそう思うの？」
> 　　子ども：「画面全体が青っぽいから。」
> 　　教　師：「青色で静かな感じが表されているんだね。」

B：同僚との対話

「How?」でなく「Why?」を語り合おう！

校内・園内で学び合おう

現在の教育・保育現場では，世代交代が行われ経験の浅い先生が半数近くを占める学校や園も多いと思います。そうした中で，どのように授業力・保育力向上を図り，子ども一人一人の資質・能力を伸ばしていけばよいでしょうか。これまでは，地域の教育センターの研修や地区の教育研究会等主催の授業研究など，学校・園外に出て研鑽することも多かったと思いますが，コロナ禍以降は対面での研修や授業研究が減り，研究授業ですらリモートで行うなど，私たちの学び方も変わってきました。しかし，授業研究においては，子どもの声や動き，先生の細やかな声かけが感じられる「リアルの授業・保育」ほど，勉強になるものはありません。今こそ，学校・園内で同僚の先生方と対話しながら，授業力・保育力を向上させていく術（すべ）を身に付けていきたいものです。

若手先生と中堅先生が要（かなめ）

校内・園内研修といってもベテランの先生の授業・保育を見て学ぶだけではありません。若手の先生が自分の授業・保育を公開して様々なキャリアの先生から意見を聞くことや，逆に中堅の先生の学習指導案検討に若手の先生が参加して，授業・保育づくりのプロセスを学ぶことなども考えられます。そのような学び合いを日常的，継続的に行うためには，無理のない方法で続けることが大切です。

何を学び取るか

先輩方やベテランの先生からは，「どうやったらうまくいくのか」その方法を教えてもらいたい気持ちになりますが，その方法だけを真似ても自分の力にはなりません。「どうして，〇〇なのか」先輩方が大切にしていることを中心に語り合ってみてはどうでしょうか。

実践編

5. 対話から

1 日常的に気軽に語り合おう

❶ いつどこで語り合うのか

　現場の先生方は日々忙しく，改めて研修のために時間をとることが難しいと思います。ですから，日常的にいつでもどこでも，授業・保育について，子どもについて，対話ができるきっかけの場づくりをしたいものです。

❷ いつでも参観

　日頃の授業・保育を公開し合いましょう。1時限すべてでなくても，いつでもどこでも授業・保育をお互いに見せ合うことができる環境づくりが大切です。短時間でもたくさんの授業・保育を見ることができる利点があります。

　参観前には必ず担当先生に授業・保育を見せてもらうことをお願いし，参観後には感想とともに感謝を伝えます。

　感想を伝える，言葉にしてアウトプットすることで，自分が授業・保育をする際の改善にもつながっていきます。また，授業・保育を通した子どもの姿や授業づくりの考え方など，参観から共通の話題づくりにもなります。さらに，学校の実態に応じて授業参観カード（図1）などを作成するのも効果的です。若手の先生にとっては，どのような視点で参観していくのかの指標にもなります。校種によっては教科外の先生が参観することも想定し，共通の視点で見ていけるような項目を設

授業参観カード		記録者　○○　○○
月　　　日（　　）　　校時　　　　年　　組　　教科：　　　　　　　○○先生		

授業の内容に合った観点を選んで参観しましょう

1	本時の目標やねらいが明確である
2	板書が子どもにとってわかりやすいものになっている
3	教材，教具，資料などが適切に活用されている
4	グループワーク，話し合い活動など学習形態を工夫している
5	教師の発問や指示がわかりやすく適切である
6	ICTを効果的に活用している
7	見通しや，振り返りの時間が設定されている

自由記述

図1　授業参観カード例

定するとよいでしょう。

　日々の授業・保育をいろいろな先生で見合うことで，新たな気付きがあり，日常的に授業・保育を介した対話をするきっかけになります。

❸ ミニ研修会

　先輩先生の中には，高度なスキルをもっている人もたくさんいます。**放課後等の短時間を使って「ミニ研修会」を開いてみてはどうでしょうか。**対象は若手の先生から，内容に興味のある先生など毎回固定する必要はありません。短時間で終わるように内容をピンポイントにすることが大切です。教科指導に関することのほか，例えば…

・思考を深める板書の工夫
・学級・園新聞の作り方
・効果的な ICT 活用
・幼児児童生徒理解について

など，いろいろと考えられます。

　研修会の後には必ず，質問や感想を語り合う時間を設けます。先輩先生にとっても，自分の実践をアウトプットし，それに対する新たな意見を聞くことで，自身の指導方法などを更新していくきっかけになります。

❹ プリント・ノート展覧会

　印刷室や職員室の机上に置いてある

他の先生がつくったプリントを見て「なるほど！」と感心したことはありませんか？　そうした**作成したプリント等を掲示し，見合うことで先生方の対話の場面が生まれてきます。**

　プリントを前に，授業・保育について語り合ったり，作成のポイントや意図を聞いたりすることで，自分の授業・保育に生かせることが多くあるはずです。掲示されたプリントを参考にして自分でも作成したい場合には，作成した先生にその旨を伝え，その後の成果などを伝えることも大切です。

　また，子どもが授業中に書いたノートやワークシートなどは，子どもの思考や授業の様子など，学びの過程が分かり授業研究の資料として大変有効です。子どもの許可をとって，ノートをコピーして掲示し，いつでも授業を話題に語り合いましょう。

図2　掲示物を前に語り合おう

2 「How?」でなく「Why?」を語り合おう

様々なきっかけから先生同士が対話することで，同僚性が高まります。それにより学校・園全体の力が向上することが，子どものさらなる学びにつながっていきます。

では，どのような対話をすればよいでしょうか。

❶ 「How?」だけではなく

経験の浅い先生にとって，先輩の技術を真似ることは有効な手段ですし，大切なことでもあります。ですが，目の前にいる子どもは地域や実態，そのときの状況によって変化していくので，同じ指導方法で行ってもうまくいかないことは多々あり，どうしたらよいのか悩むこともあるでしょう。様々な実践を紹介する書籍も，同じことを行うだけでは何かすぐに効果を上げることはできないかもしれません。

❷ 「Why?」を聞いてみよう

そのようなときこそ，同僚の先生方の考え方，授業・保育に対する思いを聞いてみることが必要になります。

指導者の授業・保育への思いを一番に聞くことができるのは，学習指導案・保育指導案検討に一緒に参加する

ことです。正式な学習指導案・保育指導案の検討でなくても，授業・保育の計画など簡単な略案や，「次の授業ではこんなふうにしてみよう」といった考えはそれぞれの先生が持っていると思います。その事前の授業・保育への思いを聞いてみることが，授業・保育づくりへの「コツ」になるのではないでしょうか。「なぜ，ここで○○の発問があるのか」「なぜ，ここで○○の材料を使用するのか」など，指導者の思いを聞くことで授業・保育の本質に迫ることができ，様々な状況で自分の授業・保育に生かしていくことができるのではないかと思います。

【参考文献】
川崎市総合教育センターカリキュラムセンター編：〜学び合う先生，育ちゆく学校〜教師力を高めるガイドブック，2019

C：保護者との対話

作品を見ながらおしゃべりしよう

1 おしゃべりを通して見えてくる子どもの姿

　教師・保育者が「主体的，対話的で深い学び」をどのように子どもたちに提供しているのかを保護者に知ってもらうことはとても大切です。

　例えば子どもがつくった作品についても，日頃から自分の子どものことを中心に見ている保護者にとっては，「うちの子の作品って上手なの？ 下手なの？ 先生教えて！」と，でき上がった作品に対する評価が気になるばかり…

　製作において大切なことは，でき上がった作品だけを見るのではなく，製作過程において子どもたちがいかに創造力を働かせ，楽しく意欲的に取り組んでいたかということです。その子どもたちの意欲を引き出すのは，周りにいる教師・保育者や保護者の役目なのです。

　ここでは，大人の価値観に基づく作品の評価ではなく，子どもが夢中になった瞬間や「面白い！ こうやりたい！ ここが難しかった！」など，作品ができ上がるまでの過程を振り返りながら保護者とおしゃべりする事例と，その結果見えてきた子どもの姿を紹介します。

　教師・保育者と保護者が対話し，共に子どもの成長を見守る中で，子どもが変化していく様子が見られるはずです。

2 子どもの意欲を引き出す言葉がけやおしゃべり

❶ 何をおしゃべりするの？

授業・保育現場にいない保護者とどのようなおしゃべりをしたらよいか，分からないことも多いですね。

まずは，製作や表現に対する子どもの向き合い方から会話を考えます。主なポイントは2つです。

・興味を持って取り組んだか？
・どんなときに一番集中していたか？

先生や友だちからの「こうやったらどう？」「いいね！」などの言葉がけやアイデアを受け入れつつ**周囲とコミュニケーションを取りながら製作を進め**ていった背景を話してみましょう。

保護者の中には初めから完成を予測したり，「失敗はよくないこと」と捉え，失敗を避けるように働きかけたりする人がいますが，特に幼児期や小学校低学年の製作や表現は直感で進められる「あそび」が中心です。見聞きする中で，思いついたことを表したものが作品になることを保護者に伝えたいですね。

次に，完成作品についてです。

作品には，そのときのその子の気分や気持ちがそのまま現れます。情緒が不安定なときなどは集中できなかったり，雑な表現になったり…。

学校や園で「○○ちゃんらしくないな」と感じたときは保護者に家での様子を聞いてみます。すると「赤ちゃんができた」「仕事が忙しくて…」など，作品の背景が分かる場合があります。教師・保育者から子どもの変化を伝えることで，保護者は我が子の気持ちに気付き向き合い，子どもの情緒を安定させることができます。

最後に，作品を完成させるまでの技術についてです。

のり，はさみ，クレヨンなど用具の使い方に関する技術は，親指，人差し指，中指と手首がしっかり使えていることが大きく関係します。このことは，**家庭での日常生活で自分のことは自分で行えているか，お手伝いはしているか，**といった経験が関係することが多いので，おしゃべりの中で引き出してみましょう。

❷ どんなふうにおしゃべりするの？

保護者の中には，子どもにどんな言葉がけをすればよいか悩む人が多くいます。いくつかのケースについて，保

105

護者とのやり取りの例を考えてみます。

Case 1：失敗するのが嫌みたいで，たびたび手が止まっちゃうんです。

・「今考えているんだね」「いい考えが浮かんだかな？」というような言葉がけをしてみてください。待つことで子どもは安心し，発想が刺激され豊かになります。決して「キリンは首が長いのでは？」といった決めつける言葉がけはしないでくださいね。

Case 2：思い通りに行かないとすぐ諦めてしまって…

・諦めそうなときは「ここまでよくできたね！」といった励ます言葉がけをします。励まされることで続ける気持ちが生まれますよ。

Case 3：うちの子，やる気がなくて困っています。

・例えば，魚釣りの絵を描いたときは「すごいね！ お友だちに教えてあげたらどう？」という言葉がけをします。自分が体験したことや得意なことをみんなに伝えることが，意欲を持つきっかけにつながります。

Case 4：用具がなかなか上手に使えないんです…

・「自分の手をよく見て応援してあげて！」というような言葉がけをする

と，集中して取り組める状況がつくれ，手の動きが高まりますよ。

❸ 活動に活かそう（事例紹介）

「うちの子は絵を描くのが好きではないようで…」Aくん（5歳）のお父さんから相談を受けました。そこでAくんが興味のある恐竜の絵を描くことを提案しました。まずは図鑑を見ながらAくんとおしゃべり。

Aくん：トリケラトプスには首を守るためにエリ飾りがあるんだよ。

先　生：よく知ってるね！ 扇子みたい。（比喩に盛り上がる）

Aくん：ツノを描いてみたいな。ツノはこの辺から出てるな。

先　生：本物に近づいてきたね。体はどうなってるの？

Aくん：太いね，難しいな。

先　生：一緒に恐竜になって動いてみよう！

（「楽しい」を共有することで意欲が湧く）

Aくん：サイに似てるね。

先　生：しっぽはどこ？

Aくん：短いんだよ。隕石が落ちてきたから，みんないなくなっちゃったんだ。

（自分が知っている話をすることで気

分が上がり，話切った後は満足してどんどん手が動く）

　Aくんの作品について，お父さんには以下のように伝えました。

　「Aくんは本物に近く描きたい気持ちが強く，頭の中のイメージと自分が描いたものが違うと嫌になってしまうようです。なんでツノがあるのかな？など会話をすることで気分が上がり自然に描きたい気持ちになったようです。お家ではこの絵から発想した物語を聞いてみてください」

　お父さんからは翌日，「会話を通して息子の考えを深く知る機会となった。今度は粘土で立体をつくりたがっている」と連絡がありました。その言葉通り，粘土のトリケラトプスをつくり「次はティラノサウルスを描いてトリケラトプスと戦わせるんだ！」と

次々にイメージが湧き，ワクワクしている様子のAくん。

　絵を描くことに苦手意識を持っていたAくんですが，大好きな恐竜をきっかけに楽しく最後まで仕上げることができました。また，お父さんが自分の絵と向き合ってくれたことで次への意欲へとつながり，この後Aくんは製作以外の場面でも，苦手なことも「やってみる！」の一歩が踏み出せるようになりました。保育者にとっては嬉しい変化ですね。

保護者と対話し，しっかり連携することで，子どもの性格や家庭の属性をより詳しく把握でき，子どもへの理解を深めることができます。

　それにより，よりよい保育へとつなげることができるはずです。

D：地域は教育資源の宝庫

地域の魅力が育む子どもの創造力

「地域の授業研究は興味が湧かない」という声をよく聞きます。「違う地域に引っ越したら役立たない」とか「子どもの方が地域のことをよく知っているから，気が引ける」という少しネガティブな気持ちがあり，その結果子どもたちが輝くような，思ったような授業・保育とならないということに問題意識を持つ教師・保育者もいることと思います。けれども，心配はいりません。むしろ，その問題意識こそが授業研究を考える入り口になるのです。

子どもたちは，地域のガイドブックを片手に地域巡りをして学んでいるわけではありません。**地域と共に育ち，地域の「人」「もの」「こと」などの自分の見つけた小さな感動を追究する中で，地域博士となっていくのです。**様々な出会いの中で生まれる対話こそが，地域への理解を深める大きなきっかけとなります。

筆者は，地域のことをもっと好きになりたい，好きになってほしい，という思いで授業研究に取り組んでいます。インターネットで調べると地域に関する様々な情報が見つかりますが，もっと身近なところから，地域探しをしてみませんか。インターネットで紹介されないような小さな発見でも構いません。**あなたを感動させた発見を通した授業研究が，子どもたちを大きく感動させる授業・保育につながっていきます。**

上手に研究して，自分の第二の故郷をつくるほど，地域が大好きになってほしいと考えています。

1 自分の足で調べる

❶ 散歩しよう

まずは，地域を自分の足で歩いてみましょう。例えば，「海に貝殻がたくさん落ちているなぁ」とか「山に面白い植物が生えているなぁ」と気付くことでしょう。そういった面白い気付きや発見があったら，写真に残したり，持ち帰ったりしましょう。

下の写真は，筆者が海や山で拾ってきたものを洗って乾かしたときのものです。

形・大きさ・色を分けて並べることで「こんなことに使いたいなぁ」とか「子どもでも扱いやすい材料だ」という新たな発見が生まれます。

❷ 地元の人との出会いと対話

地域で活動していると，「あれ？ いつもの場所に見慣れない人がいる」と，地元の人が声をかけてくれることがよくあります。このチャンスを生かすようにしましょう。例えば，貝殻を拾っていることを伝えると，よりよい拾い方を教えてくれたり，地域の昔話をしてくれたりします。

ここで得られる話は，文献には紹介されない地元の人だけが知っていることも多く，それをもとにさらに活動範囲を広げたり，絞ったりできます。**地域の人との対話は，実感を伴いやすい大切な授業研究になります。**

② 文献・資料で調べる

❶ テーマを絞る

地域に対して直感的に感じた「出遭い」を大切にして授業研究をすると，「詳しく調べたい」という思いが出てきます。例えば，ある小学校の学級では，「川の近辺に自然が多いこと」「工場が多いこと」に気付いたため，その2つをテーマに選びました。

興味の湧くことは多く見つかるかもしれませんが，テーマを絞ることも大切です。**明確なテーマは，見通しのある授業・保育をつくります。** 子どもたちの関心を引きやすいテーマを選んでみましょう。

❷ 国立国会図書館を活用する

国立国会図書館には，国内のほぼすべての出版物があります。資料の概要をつかむために，まずは **NDL ONLINE**（国立国会図書館オンライン）を利用するとよいでしょう。文献については，p.112以降で詳しく述べます。

例えば，「大田区 多摩川」で検索すると，多摩川に関する歴史資料が多く見つかります。気になる言葉を検索して，地域について詳しく学ぶとよいでしょう。授業の実践例が見つかるこ

ともあります。

❸ 郷土資料博物館を活用する

郷土資料博物館も授業研究をするのにおすすめです。**子どもが来館することも想定しているため，資料の説明が分かりやすく，授業・保育で子どもたちにどのように紹介するかという視点から見ることもできます。**

郷土資料博物館には，歴史資料だけでなく，地域の自然に関する資料，伝統工芸品，地域の画家の絵画など，地域に関わる様々なものが展示されています。

実際に子どもたちと一緒に訪問するなどし，授業のテーマに合わせて分かりやすく伝えるとよいでしょう。

実践編

5. 対話から

3 地元の先生や卒業生に話を聞く

　授業研究の始めの段階でも取り組める，分かりやすい方法ですが，自分が地域に詳しくなってから聞くことを心がけてみましょう。地元に関連する固有名詞が分かるからこそ話が盛り上がりますし，詳しく質問して話を聞き出すことができます。

　何より，地域を愛し，よく理解している人には，特別な情報を教えてくれることが多いものです。

　たくさん調べると，授業・保育で取り組んでみたいアイデアが次々と生まれてくることでしょう。ぜひ，地域の授業研究を楽しんでくださいね！

 コラム 「地域の授業は，地域の材料でつくる」

　予算０円でもできる，地域の材料を使った授業・保育づくりをしてみませんか？　地域のよさを学んで，地域の魅力を発信していきましょう。

地域の土で焼き物をした授業	地域の工場の廃材を用いた授業

粘土を採取した後の穴

土の粘土質調査の実験工程

工場からいただいた廃材

E：文　　献

「なるほど！」に出会うための文献調査

1 「授業研究」のための文献とは？

期待を裏切って申し訳ないのですが，「授業研究」に役立つのは，「授業・保育」に関係のない文献です。

「え？ 図工の教材とか，美術の指導法の本が役に立つんじゃないの？」

いいえ，それらは授業・保育の準備には役立ちますが，「授業研究」には向いていません。むしろ心理学，生物学，脳科学，認知科学など様々な分野の本が役立ちます。なぜでしょう？

因果だけでは，授業はできない

授業・保育に関係ある本には「これからの○○型授業」「○○に効果的な指導方法」など魅力的な表題が付いています。そして，本を開けると「こうしたら，こうなる」という教材や指導法，つまり因果が丁寧に説明されています。

でも，残念ながら，これを読んだからといって，すぐに「授業が変わる」わけではありません。なぜならそこに書いてあるのは，ほぼすべて，「学習・保育指導案（以下，学習指導案）に書く内容」だからです。

ここで，みなさんに問いましょう。

> 完璧な学習指導案があったら，いつでも授業はうまくいきますか？

教師・保育者に尋ねると，百人中百人が「いいえ」と答えます。「そんな楽なことがあったらいいなぁ…」という表情です。

その通りだと思います。授業・保育は，学習指導案だけではできません。同じ学習指導案，同じ教科書，同じ先生でも，毎回その様相が変わります。

上手な学習指導案なら指導する教師・保育者が教材や指導法などのポイントを指導すれば，教育・保育実習生でも書けます。でも，学習指導案がで

き上がったからといって完璧な授業・保育ができるわけではありません。

　小学校以降の実習生は教壇に立った途端，子どもの視線にたじろぎ，何度も言い直しや訂正を行い，些細なアクシデントに狼狽し，時間の配分を失念し，授業時間内に学習活動をまとめることができないことがほとんどです。

　中には「うまくいった」と思う実習生もいますが，参観している学級担任の先生がどれだけ学習の基盤を整えているか，見えないところでいろいろサポートしているかということに気付いていない場合が多いように思います。

　結局，学習指導案に書いてある内容だけでは授業・保育は成立しないのです。それは，授業・保育が教材や指導法などの因果だけでは成立していないことを示しています。

授業・保育は縁起で成立する

　一方で，先生は普通に，毎日授業・保育を行っています。それは，いったいどのような姿なのでしょうか。

　子どもたちは，課題に対して何かひらめきます。それを周りに話したり，手を挙げて自分の意見を述べたりします。そして，自分の意見が認められるとうれしい顔をします。困ったときに

は，友だちに助けられ乗り越えます。助けた側の友だちはそれによって学習内容の理解を深めます。授業・保育が「普通に」行われているのは，教室や保育室がそのような行動を安心してできる場所だからです。

　先生は何をしているでしょう。**先生にとっては，「教える内容」よりも「子どもたちが分かっているかどうか」の方が大切です。** そのため，先生は子どもの「分からない表情」や「つまずく様子」に敏感です。子どもの顔色やちょっとした行動の変化を捉え，声をかけたり，そばにいったりします。そして新しい材料の提案や別のやり方の提示をします。順調な子には賞賛を与えたり，後押ししたりして，いっそう学習活動などが向上するようにします。個と全体を交流させ，成果がより向上するような配慮も忘れません。

これが普通の授業・保育です。それは、「こうしたら、こうなる」という因果ではなく、子どものつぶやき、誰かの発言、それに対応する先生の手立てなど様々な出来事が織り重なるように進んでいく豊かな縁起が結実した姿です。

学習指導案に書いてある教材や指導法などの検討だけなら、指導計画や教材、作品などだけで十分です。それは、実際に様々な研究会で「子ども抜き」で行われています。それを通して、これまで私たちは効果的な教材や指導法などを開発してきました。それは大事なことでしょう。

でも「授業研究」で調べたいのは、子どもと先生が紡ぎ合う豊かな縁起です。「先生はなぜあの子のもとに駆け寄ったのか」「どうして子どもたちは協力し合ったのか」「あそこで子どもたちが動いた理由は何か」などこそ「授業研究」で解き明かしたいのです。

そうであれば、「授業研究」に役立つのは、教材や指導法などの「授業・保育に関係ある本」、つまり直接的に授業・保育に関係する因果的な文献ではないでしょう。おそらく、それ以外の本、言い換えれば**授業・保育の縁起を捉えるための文献**でしょう。では、それはどのようなものでしょうか。

2 「授業研究」のための文献例

例えば、**心理学**に関する本はどうでしょうか。カウンセリングの方法を示した本は「頷き」「オウム返し」「発言の具体化」など、授業・保育での先生と子どものやり取りを見えやすくしてくれるでしょう。先生が子どもに駆け寄った理由が見つかるかもしれません。

しかし、認知科学の中には、カウンセラーとクライアントが「問題のないところ」に、共同で「問題と解決方法をつくり出す」のがカウンセリングだ

とする指摘もあります。物事が一方的に生まれるのではなく、相互の対話の中から構成されるという見方は、先生と子どもたちが共同的に活動する授業・保育の捉え方に役立ちそうです。

歴史学はどうでしょう。学校を例にすれば、工業化と明治時代を背景に一気に成立しました。当初は働き手を失った地域住民が学校を打ちこわし、就学率は35％程度でした。しかし様々な法令や施策を通して、明治の終わり

には 96 ％ まで上昇し，同時にクラスの人数，全国の小学校数など，現在とほぼ変わらない状況になります。目の前で行われている授業・保育が明治時代に制度として成立したことは，授業研究の基盤になる視点でしょう。

一方，**文化人類学**では，学校が同学年といういびつな集団で子どもに成長を強要することや，教室が均一性を要求しながらも個性を強調する矛盾だらけの空間であることなどを指摘しています。働かない「子ども」という概念も学校制度と同時に生まれました。その考え方をもとに，授業や保育に参加せず運動場をずっと眺めている子どもを「指導に従っていない」と捉える

か，「学校制度と子どもの不一致が生じている」と捉えるかで解釈は違ってくるでしょう。

生物学はどうですか？ 例えば，長生きする象と短命のネズミが心拍数からは同じ「時間」を過ごしていることは有名な話ですね。また，同じ行程なのに「行き」よりも「帰り」の時間を短く感じるのは脳の情報処理が削減できるからと脳科学では指摘しています。「時間」の長さはどうやら可変的なようです。そういえば授業や保育中，子どもが短い間に劇的に変化するときがあります。子どもたちは，私たち大人や時を刻む時計とは，異なった「時間」を過ごしているのかもしれません。

3 「授業研究」でなるほど！ を目指す

「授業・保育」は生き物です。「授業研究」はその生態の研究です。**授業・保育には関係のない様々な学問分野の本を読むことが，きっと「生き物」である授業・保育の研究をより深めてくれると思います。**

とりあえず，自分の興味のある学問分野の本を読んでみましょう。そこで獲得した「なるほど！」は必ず授業研究に役立つことでしょう。

おわりに

　本書では，日々の授業・保育と隔てられたものとして，とかく敬遠されがちな「授業研究」「保育研究」を，日々の授業・保育の中で取り組む『毎日の授業研究・保育研究』と捉え直し，その考え方や実践について考えてきました。

　果たして「授業研究」「保育研究」とは，「授業・保育」＋「研究」で，日々の教育実践である「授業・保育」に「研究」を“加える”ものなのでしょうか？

　本書で明らかにしてきたことはそうではありません。誤解を恐れずに言えば，「授業＝授業研究」「保育＝保育研究」，つまり「授業研究・保育研究とは，授業・保育そのものなのだ」という考えが，本書が目指した最終ゴールです。

　「よい授業・保育」というものは存在しません。ただそれを目指して取り組む「授業研究・保育研究」だけが，それへのアプローチを可能にします。違う言い方をするならば，「授業研究・保育研究」の成果が「よい授業・保育」なのでしょう。そうした意味で，「よりよい授業・保育」に憧れ，目指そうとする営みが，「授業研究・保育研究」なのです。

　本書の「実践編」では，実践家である執筆者（大学教員執筆者も実践家の立場です）が惜しみなく“授業研究・保育研究の奥の手”を開陳してくれました。その心意気に深く敬意を表します。この本づくり自体が，執筆者のみなさんとの「授業研究・保育研究」であったのだと実感しています。また，本書の挿絵や装丁などをご担当いただいた東村さんが表現してくださったのが，本書で目指す『毎日の授業研究・保育研究』のイメージです。大学院生として研究で忙しいかたわらで「よりよい」ものを目指していただきありがとうございました。そして，こうした先例のない本づくりに興味を持ってくれて，「やりましょう！」と後押ししてくださった建帛社の青柳哲悟さんに深く感謝いたします。

　最後に，授業研究で一番大切なのは，それを「愉しむ」こと。本書のそれぞれのページからも，その「愉しさ」を味わうことができたのではないでしょうか？

　その「愉しさ」は，きっと子どもたちにも伝わり，さらなる「よりよい授業・保育」の具現化に向かうことでしょう。

2023 年 10 月

大泉　義一

巻末付録 参考図書・リンク集

【文　　献】（⊙は本文中の脚注でも紹介されています）

⊙「授業研究」を創る：教師が学びあう学校を実現するために，鹿毛雅治，藤本和久編，教育出版，2017

⊙ Lesson Study（レッスンスタディ），日本教育工学会監修，小柳和喜雄，柴田好章編著，ミネルヴァ書房，2017

⊙授業の見方：「主体的・対話的で深い学び」の授業改善，澤井陽介，東洋館出版社，2017

⊙デザイン思考が世界を変える：イノベーションを導く新しい考え方，ティム・ブラウン著，千葉敏生訳，早川書房，2010

・美術教育学叢書3　美術教育学 私の研究技法，直江俊雄他，学術研究出版，2022

・コミュニティ・オブ・クリエイティビティ，奥村高明，有元典文他，日本文教出版，2022

・美術教育ハンドブック，神林恒道，ふじえみつる監修，三元社，2018

・現代授業研究大事典，吉本均編，明治図書，1987

・授業研究 27 の原理・原則：授業力向上のための実践的思考，小林宏己，学事出版，2013

・小学校図画工作科教育法，山口喜雄，奥村高明他編著，建帛社，2018

・授業研究入門，稲垣忠彦，佐藤学，岩波書店，1996

・省察的実践とは何か：プロフェッショナルの行為と思考，ドナルド・A・ショーン著，柳沢昌一他監訳，鳳書房，2007

・深い学びをつくる：子どもと学校が変わるちょっとした工夫，キエラン・イーガン著，髙屋景一他訳，北大路書房，2016

・子どものデザイン：その原理と実践，大泉義一編著，日本文教出版，2017

・個別最適な学びの足場を組む，奈須正裕，教育開発研究所，2022

・個別最適な学びと協働的な学び，奈須正裕，東洋館出版社，2021

・今日の芸術：時代を創造するものは誰か，岡本太郎，光文社，1954，新装版光文社文庫，2022

・成長する授業：子供と教師をつなぐ図画工作，岡田京子，東洋館出版社，2016

・小学校新学習指導要領 図画工作科題材 & 授業プラン（図工科授業サポートBOOKS），岡田京子編著，明治図書，2020

【WEBページ】

（右の QR コードから WEB 上のリンク集にアクセスできます）

●小学校学習指導要領解説（平成 29 年告示）【総則編】：文部
　科学省

https://www.mext.go.jp/content/220221-mxt_kyoiku02-100002180_001.pdf

●小学校学習指導要領解説（平成 29 年告示）【図画工作編】：文部科学省

https://www.mext.go.jp/component/a_menu/education/micro_detail/__
icsFiles/afieldfile/2019/03/18/1387017_008.pdf

●中学校学習指導要領解説（平成 29 年告示）【美術編】：文部科学省

https://www.mext.go.jp/component/a_menu/education/micro_detail/__
icsFiles/afieldfile/2019/03/18/1387018_007.pdf

●高等学校学習指導要領解説（平成 30 年告示）【芸術編 音楽編 美術編】：文
　部科学省　https://www.mext.go.jp/content/1407073_08_2.pdf

●幼稚園，小学校，中学校，高等学校及び特別支援学校の学習指導要領等の改善
　及び必要な方策等について（答申）：中央教育審議会

https://www.mext.go.jp/b_menu/shingi/chukyo/chukyo0/toushin/1380731.htm

●チームとしての学校の在り方と今後の改善方策について（答申）：中央教育審
　議会

https://www.mext.go.jp/b_menu/shingi/chukyo/chukyo0/toushin/1365657.htm

●世界授業研究学会（WALS：World Association of Lesson Studies）

https://www.walsnet.org/

●美術科教育学会 授業研究部会

https://www.artedu.jp/bukai/jyugyou

●デザイン思考ガイドブック（米スタンフォード大学 d-school）

https://www.alnap.org/help-library/an-introduction-to-design-thinking-process-
guide

●大泉義一編著『図工・美術でゆたかなくらし』

https://www.nichibun-g.co.jp/data/education/e-other/e-other023/

●大泉義一「図画工作・美術科の授業における教師の発話に関する実践研究：図
　画工作・美術科の授業を構成する『第 3 教育言語』への着目」『美術教育学』
　第 32 号，2011

https://www.jstage.jst.go.jp/article/aaej/32/0/32_KJ00007695840/_article/-
char/ja/

【編著者】　　　　　　　　　　　　　　　　　　　　　　（執筆分担）
大泉　義一（おおいずみ　よしいち）　早稲田大学教育学部 教授　　第1部

【著　者】（五十音順）
粟津　謙吾（あわづ　けんご）　成城学園初等学校 教諭　　第2部1．E
伊藤　裕子（いとう　ゆうこ）　谷戸幼稚園 園長　　第2部2．C
岩崎　知美（いわさき　ともみ）　川崎市立東橘中学校 教頭　　第2部5．B
上野　広祐（うえの　こうすけ）　大田区立南六郷小学校 主任教諭　　第2部5．D
上光　陽（うえみつ　あきら）　神奈川県立鶴見高等学校 教諭　　第2部3．A
大橋里沙子（おおはし　りさこ）　中央大学附属中学高等学校 教諭　　第2部3．B
奥村　高明（おくむら　たかあき）　日本体育大学児童スポーツ教育学部 教授　　第2部5．E
　　　　　　　元文部科学省教科調査官
荻島　千佳（おぎしま　ちか）　横浜市立東山田中学校 教諭　　第2部1．D
海沼　恭史（かいぬま　やすし）　元建福寺幼稚園 教諭　　第2部1．B
菅野　光洋（かんの　みつひろ）　荒川区立尾久西小学校 主任教諭　　第2部2．B
郡司　明子（ぐんじ　あきこ）　群馬大学共同教育学部 教授　　第2部3．C
小柴　裕美（こしば　ゆみ）　Kids Smile Project　　第2部5．C
　　　　　　　プレミアム教育事業ユニット 責任者
清水　一成（しみず　かずしげ）　世田谷区船橋小学校 主幹教諭　　第2部4．A
杉坂　洋嗣（すぎさか　ひろし）　東京学芸大学附属竹早中学校 教諭　　第2部1．G
芹ヶ野未来（せりがの　みづき）　横浜市立西前小学校 教諭　　第2部2．A
大黒　洋平（だいこく　ようへい）　文京区立第九中学校 教諭　　第2部1．C
長尾　菊絵（ながお　きくえ）　国立市立国立第二中学校 指導教諭　　第2部2．D
永縄　啓太（ながなわ　けいた）　横浜市立南太田小学校 主幹教諭　　第2部1．A・F
長谷川　聡（はせがわ　さとし）　横浜市教育委員会事務局　　第2部5．A
　　　　　　　小中学校企画課・指導主事
松原　雅俊（まつばら　まさとし）　横浜国立大学教職大学院 教授　　第2部4．B
　　　　　　　元横浜市教育委員会 教育課程推進室長

【装丁・挿絵】
東村ほのか（ひがしむら）

毎日の授業研究・保育研究
レッスンスタディ
―幼児造形・図工・美術編―

2023年（令和 5 年）11月20日　初版発行

編 著 者　大 泉 義 一

発 行 者　筑 紫 和 男

発 行 所　株式会社 建 帛 社
　　　　　KENPAKUSHA

〒112-0011　東京都文京区千石 4 丁目 2 番15号
　　　　　　TEL（03）3944-2611
　　　　　　FAX（03）3946-4377
　　　　　　https://www.kenpakusha.co.jp/

ISBN 978-4-7679-7054-7　C3037
萩原印刷／常川製本
Printed in Japan